FUITE
DE BONAPARTE
DE L'EGYPTE.

PIÈCES AUTHENTIQUES

Sur sa désertion, sur l'armée qu'il a laissée sans chef, sans argent, sans vivres, sans armes, sans munitions, etc. etc.;

Suivies de plusieurs Lettres qu'il a adressées au Grand-Vizir, et qui ont été interceptées par la corvette de S. M. Britannique *El Vincejo*.

A PARIS,

Chez LEROUGE, Libraire, Cour du Commerce, faubourg S.-Germain, quartier S.-André-des-Arcs.

Et chez PETIT, Libraire de S. A. R. Monseigneur le duc de Berri, Palais-Royal, n°. 257.

1814.

FUITE

DE BONAPARTE

DE L'ÉGYPTE.

Qui a conçu le premier l'idée de l'expédition d'Égypte ? quel but le Directoire s'est-il proposé en adoptant cette idée ? c'est ce que nous ignorons. Nous avons cependant entendu ces hommes, qui ont des solutions sur tout, attribuer à Bonaparte l'invention du projet, parce qu'il en a été *l'exécuteur.* Le seul rayon de lumière que nous ayons, à cet égard, se tire d'un *Mémoire justificatif* de l'ex-directeur Merlin. On y lit, page 20 : « Il est de fait que c'est lui « (Bonaparte) qui a minuté tous les ordres, « toutes les instructions, et tous les arrêtés dont « le Directoire l'a chargé ; et si l'on ne peut pas « dire que c'est lui qui a conçu le premier l'idée « de cette expédition (d'Égypte), du moins on « peut assurer que sans lui elle serait restée « en projet, etc. etc. » D'après ce passage, on doit donc considérer Bonaparte comme l'auteur de tous les maux et de tous les crimes qui ont été commis sur cette terre étrangère.

Quarante mille hommes sont dirigés sur les ports de France pour l'expédition d'Egypte; cent cinquante millions sont employés aux préparatifs ou mis à la disposition de Bonaparte; des savans et des individus auxquels on prodigue ce nom, tel qu'un Tallien, etc., sont enrôlés par ce général en chef pour faire des découvertes, et fonder un Institut au milieu des Turcs et des Arabes. Bientôt tous les préparatifs sont achevés: le 30 pluviose an 6 (19 mai 1798), on quitte le port de Toulon. Le 24 prairial (12 juin), à l'aide des intelligences que Bonaparte avait dans Malte, il s'empare de cette île; enfin, après quelques jours de repos, la flotte continue sa route, et débarque à Alexandrie le 13 messidor suivant (1er. juillet).

Là il renouvelle à ses soldats la promesse qu'il leur avait faite en quittant la France, d'être toujours à leur tête, et de leur donner à chacun, à la fin de la campagne, six arpens de terre pour les récompenser des fatigues qu'ils allaient essuyer. L'armée reçut ses promesses avec transport, et le suivit avec joie et confiance. Elle se battit, et fit des prodiges de valeur. Il fallait vaincre ou périr; car tout espoir de retour fut bientôt perdu : l'escadre française avait été attaquée et détruite par la flotte anglaise.

Mais les combats journaliers que les Français

avaient à soutenir affaiblissaient insensiblement l'armée, quoiqu'elle fût presque toujours victorieuse, et tout moyen de recrutement était impossible; car on ne pouvait pas considérer comme tel quelques misérables maugrabins qui, après leur défaite, prenaient du service dans l'armée française, et l'abandonnaient à la première occasion.

Bientôt l'Egypte fut soumise, et épuisée de vivres et d'argent. Bonaparte avait beau faire assommer de coups et torturer les turcs qu'il soupçonnait d'avoir enfoui leurs trésors, les malheureux se laissaient couper la tête plutôt que de les découvrir. Il apprend que le pacha de Saint-Jean-d'Acre possède de grandes richesses, il se décide à s'en rendre maître. A cet effet, il traîne ce qui lui reste de soldats à travers cent lieues de déserts. En vain chacun de ses pas est marqué par la perte d'un soldat qui meurt de soif, de faim ou d'épuisement sur le sable brûlant de ces déserts; rien ne l'émeut, rien ne l'arrête. Peu lui importe de sacrifier des milliers d'hommes, pourvu que son ambition soit satisfaite; peu lui importe que l'ophtalmie le prive de ses soldats, que la peste les moissonne par centaine, pourvu qu'il lui en reste assez pour forcer les portes de Saint-Jean-d'Acre. Depuis long-temps il ne considère les hommes que comme des machines de guerre.

Enfin, il arrive devant cette ville qui renferme les trésors qu'il convoite; il l'attaque, il livre sept assauts, et ne peut s'en rendre maître. Le fer, le feu, les maladies ont réduit ses combattans au point de ne pouvoir plus rien tenter. Le peu de braves qui lui restent murmure. Que fera-t-il? Il fuit furtivement, emporte le peu d'argent qui restait dans les caisses, et s'embarque pour la France. Il abandonne lâchement environ 7,000 hommes, reste de quarante mille qu'il avait en arrivant, et laisse un arriéré de près de dix millions.

C'est le détail de ces faits, contenu dans des pièces authentiques, que nous avons cru utiles de publier.

PIÈCES AUTHENTIQUES.

Nº. I.

LIBERTÉ.   ÉGALITÉ.

Au quartier-général du Caire, le 18 vendémiaire
an 8 de la république française.

*Kléber, général en chef, au Directoire
exécutif.*

LE citoyen Barras m'étant particulièrement
connu par sa loyauté, par son dévouement au
gouvernement, par son amour pour la république et pour la vérité, j'ai cru, citoyens directeurs, ne pouvoir faire un meilleur choix que
celui de sa personne, pour vous porter mes
premières dépêches non chiffrées. Il a ordre de
les jeter à la mer, en cas qu'il fût pressé par les
ennemis, et il connaît assez leur contenu pour
vous en faire un rapport verbal, s'il était nécessaire. Je vous prie de lui accorder la même
confiance que l'intégrité de sa conduite dans ce
pays-ci m'a inspirée.

Salut et respect.   *Signé* KLÉBER.

N°. II.

Au quartier-général d'Alexandrie, le 5 fructidor an 7.

Bonaparte, général en chef, à l'Armée.

LES nouvelles d'Europe m'ont décidé à partir pour France. Je laisse le commandement de l'armée au général Kléber. L'armée aura bientôt de mes nouvelles; je ne puis en dire davantage. Il me coûte de quitter les soldats auxquels je suis le plus attaché, mais ce ne sera que momentanément; et le général que je leur laisse, a la confiance du gouvernement et la mienne.

Signé BONAPARTE.

Par ordre du général en chef,
Le général de division, chef de l'état-major général,

Signé ALEX. BERTHIER.

Pour copie conforme,
Signé SONNET, adjudant-général.

. Pour copie, *Signé* LE ROY.

N°. III..

Alexandrie, le 5 fructidor an 7.

Le général en chef Bonaparte, au général de division Kléber.

VOUS trouverez ci-joint, citoyen général, un ordre pour prendre le commandement en chef de l'armée. La crainte que la flotte anglaise reparaisse d'un moment à l'autre, me fait précipiter mon voyage de deux ou trois jours.

Je mène avec moi les généraux Berthier, Murat, Lannes, Andréosssi et Marmont, les citoyens Monge et Bertholet.

Vous trouverez ci joint les papiers anglais et de Francfort jusqu'au 10 juin. Vous y verrez que nous avons perdu l'Italie; que Mantoue, Turin, Tortone sont bloqués. J'ai lieu d'espérer que la première de ces places tiendra jusqu'à la fin de novembre : j'ai l'espérance, si la fortune me sourit, d'arriver en Europe avant le commencement d'octobre.

Vous trouverez ci-joint un chiffre pour correspondre avec le gouvernement, et un autre chiffre pour correspondre avec moi.

Je vous prie de faire partir, dans le courant d'octobre, Gimot, ainsi que les effets que j'ai laissés au Caire, et mes domestiques. Cependant, je ne trouverai pas mauvais que vous engagiez à votre service ceux qui vous conviendraient.

L'intention du gouvernement est que le général Desaix parte pour l'Europe dans le courant de novembre, à moins d'événement majeur.

Les membres de la commission des Arts

passeront en France sur un parlementaire que vous demanderez à cet effet, conformément au cartel d'échange, dans le courant de novembre, immédiatement après qu'ils auront achevé leur mission. Ils sont, dans ce moment-ci, occupés à ce qui leur reste à faire, à visiter la Haute-Egypte. Cependant ceux que vous jugeriez pouvoir vous être utiles, vous *les mettrez en réquisition sans difficulté.*

L'Effendi, fait prisonnier à Aboukir, est parti pour se rendre à Damiette. Je vous ai écrit de l'envoyer en Chypre. Il est porteur, pour le Grand-Vizir, de la lettre dont vous trouverez ci-joint la copie.

L'arrivée de notre escadre de Brest à Toulon, et de l'escadre espagnole à Carthagène, ne laisse aucune espèce de doute sur la possibilité de faire passer en Egypte les fusils, les sabres, pistolets, fers coulés, dont vous avez besoin, et dont j'ai l'état le plus exact, avec une quantité de recrues suffisantes pour réparer les pertes des deux campagnes. Le gouvernement vous fera alors connaître lui-même ses intentions; comme homme public et comme particulier, je prendrai des mesures pour vous faire avoir fréquemment des nouvelles.

Si, par des événemens incalculables, toutes les tentatives étaient infructueuses, et qu'au mois

de mai vous n'ayez reçu aucun secours ni nouvelles de France, et si, cette année, malgré
toutes les précautions, la peste était en Egypte,
et vous tuait plus de 1500 soldats, perte considérable, puisqu'elle serait en sus de celle que les
événemens de la guerre vous occasionneraient
journellement, je pense que, dans ce cas, vous
ne devez pas vous hasarder à soutenir la campagne prochaine, et que vous êtes autorisé à
conclure la paix avec la Porte-Ottomane, quand
même l'évacuation de l'Egypte devrait être la
condition principale. Il faudrait simplement
éloigner l'exécution de cette condition, si cela
était possible, jusqu'à la paix générale.

Vous savez apprécier aussi bien que personne, citoyen général, *combien la* POSSESSION
de l'Egypte est importante à la France. Cet
empire Turc, menacé de ruine de tous côtés,
s'écroule aujourd'hui; et l'évacuation de l'Egypte
par la France serait un malheur d'autant plus
grand, que nous verrions de nos jours cette
belle province passer en d'autres mains euro-
péennes.

Les nouvelles des succès ou des revers qu'aurait la république en Europe, doivent aussi entrer puissamment dans vos calculs.

Si la Porte répondait aux ouvertures de paix
que je lui ai faites, avant que vous n'eussiez reçu

de mes nouvelles de France, vous devez déclarer que vous avez tous les pouvoirs que j'avais ; entamez la négociation, *persistez toujours dans l'assertion que j'ai avancée*, QUE L'INTENTION DE LA FRANCE N'A JAMAIS ÉTÉ D'ENLEVER L'EGYPTE A LA PORTE. Demandez que la Porte sorte de la coalition, et nous accorde le commerce de la mer Noire ; qu'elle mette en liberté les Français prisonniers ; enfin, six mois de suspension d'hostilités, afin que, pendant ce temps-là, l'échange des ratifications puisse avoir lieu.

Supposant que les circonstances soient telles que vous croyez devoir conclure le traité avec la Porte, vous ferez sentir que vous ne pouvez le mettre en exécution qu'il ne soit ratifié ; et, selon l'usage de toutes les nations, l'intervalle entre la signature d'un traité et la ratification, doit toujours être une suspension d'hostilités.

Vous connaissez, citoyen général, quelle est ma manière de voir sur la politique intérieure de l'Egypte. Quelque chose que vous fassiez, les Chrétiens seront toujours nos amis. Il faut les empêcher d'être trop insolens, afin que les Turcs n'aient pas (1) *pour* nous le même fanatisme que contre les Chrétiens, ce qui nous les

______

(1) Sic Orig.

rendrait irréconciliables. *Il faut endormir le fanatisme, en attendant qu'on puisse* LE DÉRACINER. En captivant l'opinion des grands cheicks du Caire, on a l'opinion de toute l'Egypte; et de tous les chefs que ce peuple peut avoir, il n'y en a aucuns moins dangereux pour nous que les cheicks, qui sont peureux, ne savent pas se battre, et qui, *comme tous les prêtres,* inspirent le fanatisme sans être fanatiques.

Quant aux fortifications, Alexandrie et El-Arich, voilà les deux clefs de l'Egypte. J'avais le projet de faire établir cet hiver des redoutes de palmiers : deux, depuis Sallieh à Casties; deux, de Casties à El-Arich : une de ces dernières se serait trouvé à l'endroit où le général Menou a trouvé de l'eau potable.

Le général de brigade Sanson, commandant de génie, le général de brigade Sougis, commandant l'artillerie de l'armée, vous mettront au fait, chacun en ce qui regarde son arme.

Le citoyen Poussielgue a été exclusivement chargé des finances. Je l'ai reconnu travailleur et homme de mérite. Il commence à avoir quelques renseignemens sur le chaos de l'administration de ce pays-ci. J'avais le projet, si aucun événement ne survenait, de tâcher, cet hiver, d'établir un nouveau système d'impositions, ce

qui aurait permis de se passer des cophtes. Cependant, avant de l'entreprendre, je vous con-
seille d'y réfléchir long-temps. Il vaut mieux
entreprendre cette opération un peu tard, qu'un
peu trop tôt.

Des vaisseaux de guerre français paraîtront
indubitablement cet hiver à Alexandrie, ou à
Burlos, ou à Damiette. Faites construire une
batterie et une tour à Burlos. *Tâchez de réunir
cinq à six cents Mamelouks, que, lorsque
les vaisseaux français seraient arrivés, vous
feriez arrêter dans un jour au Caire, ou dans
les autres provinces, et embarquer pour la
France. Au défaut de Mamelouks, des ôtages
d'Arabes, des Cheicks-el-Belled, qui, par
une raison quelconque, se trouveraient arrêtés, pourraient y suppléer.* Les individus,
arrivés en France, y seraient retenus un ou
deux ans, verraient *la grandeur de la nation,*
prendraient une idée de nos mœurs et de notre
langue, et, de retour en Égypte, nous fourniront
autant de partisans.

J'avais demandé déjà plusieurs fois une troupe
de comédiens. Je prendrai un soin particulier de
vous en envoyer. Cet article est très-important
pour l'armée, et pour commencer à changer les
mœurs du pays.

La place importante que vous allez occuper en chef, va vous mettre à même de déployer les talens que la nature vous a donnés. L'intérêt de ce qui se passe ici est vif, et les résultats en seront immenses sur le commerce et la civilisation. Ce sera l'époque d'où dateront de grandes révolutions.

Accoutumé à voir la récompense des peines et des travaux de la vie dans l'opinion de la postérité, j'abandonne l'Egypte avec le plus grand regret. L'intérêt de la patrie, sa gloire, l'obéissance, les événemens extraordinaires qui viennent de s'y passer, me décident seuls à passer au milieu des escadres ennemies pour me rendre en Europe. Je serai d'esprit et de cœur avec vous. Vos succès me seront aussi chers que ceux où je me trouverais moi-même, et je regarderai comme mal employés tous les jours de ma vie où je ne ferai pas quelque chose pour l'armée dont je vous laisse le commandement, et pour consolider le *magnifique établissement* dont les fondemens viennent d'être jetés.

L'armée que je vous confie est toute composée de mes enfans; j'ai eu, dans tous les temps, même au milieu de leurs plus grandes peines, des marques de leur attachement. Entretenez-là dans ces sentimens. Vous le devez à l'estime et à l'amitié toute particulière que j'ai pour vous, et à l'attachement vrai que je leur porte.

Signé BONAPARTE.

Pour copie conforme à l'original,

Signé KLÉBER.

Nº. IV.

Au quartier-général du Caire, le 14 fructidor an 7.

Kléber, général en chef, à l'armée.

Soldats, des motifs impérieux ont déterminé le général en chef Bonaparte à passer en France.

Les dangers que présente une navigation entreprise dans une saison peu favorable, sur une mer étroite et couverte d'ennemis, n'ont pu l'arrêter : il s'agissait de votre bien-être.

Soldats, un puissant secours va vous arriver, ou bien une paix glorieuse; une paix digne de vous et de vos travaux va vous ramener dans votre patrie.

En recevant le fardeau dont Bonaparte était chargé, j'en ai senti l'importance et tout ce qu'il avait de pénible; mais appréciant d'un autre côté votre valeur, tant de fois couronnée par les plus brillans succès; appréciant votre constante patience à braver tous les maux, à supporter toutes les privations; appréciant enfin tout ce qu'avec de tels soldats l'on peut faire ou entreprendre, je n'ai plus consulté que l'avantage d'être à votre tête, que l'honneur de vous commander, et mes forces se sont accrues.

Soldats, n'en doutez pas, *vos pressans besoins* seront sans cesse l'objet de ma plus vive sollicitude.

Signé KLÉBER.

Par ordre du général en chef,
Le général de division, chef de l'état-major général, *Signé* DAMAS.

Pour copie conforme,
Signé DUMAS, adjudant-général.

Pour copie, LE ROY.

Nº. V.

LIBERTÉ.ÉGALITÉ.

RÉPUBLIQUE FRANÇAISE.

Au quartier-général du Caire, le 4 vendémiaire an 8 de la république française.

Kléber, général en chef, au Directoire exécutif.

LE général en chef Bonaparte est parti pour France, le 6 fructidor au matin, *sans en avoir prévenu personne.* Il m'avait donné rendez-vous à Rosette le 7. Je n'y ai trouvé que ses dépêches. Dans l'incertitude si le général a eu le bonheur de passer, je crois devoir vous envoyer

2

copie et de la lettre par laquelle il me donne le commandement de l'armée, et de celle qu'il adressa au Grand-Visir à Constantinople, quoiqu'il sût parfaitement que ce pacha était déjà arrivé à Damas.

Mon premier soin a été de prendre une connaissance exacte de la situation actuelle de l'armée.

Vous savez, citoyens directeurs, et vous êtes à même de vous faire représenter l'état de sa force, lors de son arrivée en Egypte. Elle est réduite de moitié; et nous occupons tous les points capitaux du triangle des Cataractes à El-Arich, d'El-Arich à Alexandrie, et d'Alexandrie aux Cataractes. Cependant, il ne s'agit plus aujourd'hui, comme autrefois, de lutter contre quelques hordes de Mamelouks découragés, mais de combattre et de résister aux efforts réunis de trois grandes puissances : la Porte, les Anglais et les Russes.

Le dénuement d'armes, de poudre de guerre, de fer coulé, et de plomb, présente un tableau tout aussi alarmant que la grande et subite diminution d'hommes dont je viens de parler. Les essais de fonderie faits n'ont point réussi ; la manufacture de poudre établie à Ilhoda n'a pas encore donné, et ne donnera probablement pas le résultat qu'on se flattait d'en obtenir ; enfin, la réparation des armes à feu est lente, et il faudrait, pour activer tous ces établissemens, des moyens et des fonds que nous n'avons pas.

Les troupes sont nues, et cette absence de vêtement est d'autant plus fâcheuse, qu'il est reconnu que, dans ce pays, elle est une des causes les plus actives des dissenteries et des ophtalmies, qui sont les maladies constamment régnantes; la première, sur-tout, a agi cette année puissamment sur des corps affaiblis et épuisés par les fatigues. Les officiers de santé remarquent, et le rapportent constamment, que, quoique l'armée soit si considérablement diminuée, il y a, cette année, un nombre beaucoup plus grand de malades, qu'il n'y en avait l'année dernière à la même époque.

Le général Bonaparte, avant son départ, avait à la vérité *donné des ordres* pour habiller l'armée en drap, mais pour cet objet, comme pour beaucoup d'autres, *il s'en est tenu là;* et la pénurie des finances, qui est un nouvel obstacle à combattre, l'eût mis dans la nécessité, sans doute, d'ajourner l'exécution de cet utile projet.

Il faut en parler, de cette pénurie.

Le général Bonaparte a épuisé les ressources extraordinaires dans les premiers mois de notre arrivée : il a levé alors autant de contributions de guerre que le pays pouvait en supporter. Revenir aujourd'hui à ces moyens, alors que nous sommes au-dehors entourés d'ennemis, serait préparer un soulèvement à la première occasion favorable.

Et cependant Bonaparte, à son départ, n'a pas laissé *un sol* en caisse, ni aucun autre objet équivalent. Il a laissé, au contraire, un arriéré de près de dix millions ; c'est plus que le revenu d'une année, dans la circonstance. La solde arriérée pour toute l'armée, se monte seule à quatre millions.

L'inondation actuelle rend impossible le recouvrement de ce qui reste dû sur l'année qui vient d'expirer, et qui suffirait à peine pour la dépense d'un mois. Ce ne sera donc qu'au mois de frimaire qu'on pourra en recommencer la perception ; et alors, il n'en faut pas douter, on ne pourra pas s'y livrer, parce qu'il faudra combattre. Enfin, le Nil étant cette année très-mauvais, plusieurs provinces, faute d'inondation, offriront des non-valeurs auxquelles on ne pourra se dispenser d'avoir égard.

Tout ce que j'avance ici, citoyens directeurs, je puis le prouver, et par des procès-verbaux, et par des états certifiés des différens services.

Quoique l'Egypte soit tranquille en apparence, elle n'est rien moins que soumise. Le peuple est inquiet, et ne voit en nous, *quelque chose que l'on puisse faire*, que des ennemis de sa propriété; son cœur est sans cesse ouvert à l'espoir d'un changement favorable.

Les Mamelouks sont dispersés, mais ils ne sont pas détruits. Mourad-Bey est toujours dans la Haute-Egypte, avec assez de monde pour occuper sans cesse une partie de nos forces. Si on l'abandonnait un moment, sa troupe se grossirait bien vite, et il viendrait nous inquiéter jusques dans cette capitale, qui, malgré la plus grande surveillance, n'a cessé, jusqu'à ce jour, de lui procurer des secours en argent et en armes.

Ibrahim-Bey est à Gaza, avec environ deux mille Mamelouks, et je suis informé que trente mille hommes de l'armée du Grand-Visir et de Dgezzar pacha y sont déjà arrivés. Le Grand-Visir est parti de Damas il y a environ vingt jours. Il est actuellement campé auprès d'Acre. Enfin, les Anglais sont maîtres de la mer Rouge.

Telle est, citoyens directeurs, la situation dans laquelle le général Bonaparte m'a laissé l'énorme fardeau du commandement de l'armée d'Orient. *Il voyait la crise fatale s'approcher;* vos ordres ne lui ont pas permis de la sur—monter; que cette crise existe, ses lettres, ses instructions, sa négociation entamée en font foi; elle est de notoriété publique, et nos ennemis semblent aussi peu l'ignorer que les Français qui se trouvent en Egypte.

« Si cette année, me dit le général Bonaparte, malgré toutes nos précautions, la peste est en Egypte, et vous tuait plus de quinze cents soldats, etc., je pense que, dans ce cas, vous ne devez point hasarder à soutenir la campagne prochaine, et que vous êtes autorisé à conclure la paix avec la Porte Ottomane, quand même l'évacuation de l'Egypte devrait être la condition principale, etc. »

Je vous fais remarquer ce passage, citoyens directeurs, PARCE QU'IL EST CARACTÉRISTIQUE, sous plus d'un rapport, et qu'il indique surtout la situation réelle dans laquelle je me trouve. Que peuvent être quinze cents hommes de plus ou de moins dans l'immensité de terrain que j'ai à défendre, et aussi journellement à combattre ?

Le général dit ailleurs : « Alexandrie et El-Arich, voilà les deux clefs de l'Egypte. » El-Arich est un méchant fort à quatre journées dans le désert. La grande difficulté de l'approvisionner ne permet pas d'y jeter une garnison de plus de deux cent cinquante hommes. Six cents Mamelouks et Arabes pourront, quand ils le voudront, intercepter sa communication avec Catieh, et comme, lors du départ de Bonaparte, cette garnison n'avait pas pour quinze jours de vivres en avance, il ne faudrait pas plus de temps pour l'obliger à se rendre sans coup férir. Les Arabes seuls étaient dans le cas de faire des convois soutenus dans les brûlans déserts : mais, d'un côté, *ils ont été tant de fois trompés*, que, loin de nous offrir leurs services, ils s'éloignent et se cachent; d'un autre côté, l'arrivée du Grand-Vizir, qui enflamme leur fanatisme et leur prodigue des dons, contribue tout autant à nous en faire abandonner (1).

Alexandrie n'est point une place, c'est un vaste camp retranché; il était, à la vérité, assez bien défendu par une nombreuse artillerie de siége; mais depuis que nous l'avons perdue, cette artillerie, *dans la désastreuse campagne de Syrie*, depuis que le général Bonaparte a *retiré toutes les pièces de marine pour armer au complet les deux frégates* avec lesquelles il est parti, ce camp ne peut plus offrir qu'une faible résistance.

____

(1) Il y a deux chemins pour arriver de Syrie en Egypte, qui n'obligent nullement de passer par El-Arich, et sur lesquels on trouve de l'eau; l'un d'eux vient d'être reconnu.

Le général Bonaparte, enfin, s'était fait illusion sur l'effet que devait produire le succès qu'il a obtenu au poste d'Aboukir. Il a, en effet, détruit la presque totalité des neuf mille Turcs qui avaient débarqué. Mais, qu'est-ce qu'une perte pareille pour une grande nation, à laquelle on a ravi la plus belle portion de son empire, et à qui la religion, l'honneur et l'intérêt prescrivent également de se venger et de reconquérir ce qu'on avait pu lui enlever? aussi cette victoire n'a-t-elle pas retardé un instant ni les préparatifs ni la marche du Grand-Vizir.

Dans cet état de choses, que puis-je et que dois-je faire? Je pense, citoyens directeurs, que c'est de continuer les négociations entamées par Bonaparte : quand elles ne donneraient d'autre résultat que celui de gagner du temps, j'aurais déjà lieu d'en être satisfait. Vous trouverez, ci-joint, la lettre que j'écris en conséquence au Grand-Vizir, en lui envoyant duplicata de celle de Bonaparte.

Si ce ministre répond à ces avances, je lui proposerai la restitution de l'Egypte aux conditions suivantes :

Le grand-seigneur y établirait un pacha comme par le passé;

On *lui abandonnerait* le miri, que la Porte a toujours perçu de droit *et jamais de fait* ;

Le commerce serait ouvert réciproquement entre l'Egypte et la Syrie ;

Les Français demeureraient dans le pays, occuperaient les places et les forts, et percevraient *tous les autres droits* avec ceux des douanes, jusqu'à ce que le gouvernement français eût conclu la paix avec l'Angleterre.

Si ces conditions préliminaires et sommaires étaient acceptées, je croirais avoir fait pour la patrie plus qu'en obtenant la plus éclatante victoire. Mais je doute que l'on veuille prêter l'oreille à ces propositions ; si l'orgueil des Turcs ne s'y opposait point , j'aurais à combattre l'influence de l'or des Anglais. Dans tous les cas, je me guiderai d'après les circonstances.

Je connais toute l'importance de la possession de l'Egypte. Je disais en Europe qu'elle était pour la France le point d'appui par lequel elle pourrait remuer le système du commerce des quatre parties du monde; mais pour cela il faut un puissant levier; ce levier, c'est la marine: *la nôtre a existé.* Depuis lors tout a changé, et la paix avec la Porte peut seule, ce me semble, nous offrir une voix honorable pour *nous tirer d'une entreprise* qui ne peut plus atteindre l'objet qu'on avait pu s'en proposer.

Je n'entrerai point, citoyens directeurs, dans les détails de toutes les combinaisons diplomatiques que la situation actuelle de l'Europe peut offrir; ils ne sont point de mon ressort. Dans la détresse où je me trouve, et trop éloigné du centre des événemens, je ne puis guère m'occuper que du salut et de l'honneur de l'armée que je commande : heureux si, dans mes sollicitudes, je réussis à remplir vos vœux. Plus rapproché de vous, je mettrais toute ma gloire à vous obéir.

Je joins ici, citoyens directeurs, un état exact de ce qui nous manque en matériel pour l'artillerie, et un tableau sommaire de la dette contractée et laissée par le général Bonaparte.

Salut et respect. *Signé* KLÉBER.

P. S. Au moment, citoyens directeurs, où je vous expédie cette lettre, quatorze ou quinze voiles turques sont mouillées devant Damiette, attendant la flotte du capitan pacha mouillée à Gaffa, et portant, dit-on, quinze à vingt mille hommes de débarquement. Quinze mille hommes sont toujours réunis à Gaza, et le grand-vizir s'achemine de Damas. Il nous a renvoyé ces jours derniers un soldat de la vingt-cinquième demi-brigade, fait prisonnier du côté d'El-Arich. Après lui avoir fait voir tout le camp, il lui a intimé de dire à ses compagnons ce qu'il avait vu, et à leur général de trembler. Ceci paraît annoncer ou la confiance que le grand-vizir met dans ses forces, ou un désir de rapprochement. Quant à moi, il me serait de toute impossibilité de réunir plus de cinq mille hommes en état d'entrer en campagne. Nonobstant ce, je tenterai la fortune, si je ne puis parvenir à gagner du temps par des négociations. Dgezzar a retiré ses troupes de Gaza, et les a fait revenir à Acre.

KLÉBER.

No. VI.

*Aperçu des sommes dues au 6 fructidor
an 7, époque à laquelle le général Kléber
a pris le commandement de l'armée.*

Désignation des services.	Sommes dues.		
SOLDE de l'armée.	4,015,000	0	0
Pour l'extraordinaire.	576,000	0	0
Différence de solde de la loi du 2 thermidor an 2, à celle du 23 flor. an 5, due à une partie de l'armée.	802,332	6	2
Artillerie.	91,214	0	0
Génie.	»	»	»
Par approximation, marine militaire et marhande.	3,962,124	0	6
Subsistances militaires.	1,198,973	10	0
Habillement.	144,381	10	10
Hôpitaux militaires.	311,277	15	4
Transports militaires.	177,098	4	0
Postes militaires.	5,432	12	2
Au chef de l'attelier des selles.	12,601	0	0
Au chef de l'attelier des bottes.	6,000	0	0
Aux fournisseurs de Suez.	7,014	6	0
A différens particuliers français, turcs et grecs, qui ont fait les fournitures soit à Alexandrie ou autres places.	41,980	7	0
Au citoyen Rosetti, pour fournitures faites à l'armée lors de son passage à Rhamanieh.	3,222	12	8
TOTAL général.	11,354,652	4	8

Observations.

La dépense excède la recette de 11,354,652 l. 4 s. 8 d. depuis notre départ de France ; la dette ne peut donc qu'augmenter. En arrivant en Egypte, il a été frappé des réquisitions dans toutes les places pour subvenir aux besoins de l'armée en subsistances. Cet objet n'a pas été payé.

Il a été levé des contributions extraordinaires sur les marchands, négocians, etc.

L'on s'est emparé en arrivant des biens des mamelouks, de leurs effets ; *leurs femmes* ont payé une imposition extraordinaire.

Le revenu de l'an 7 a été plus considérable que ne le sera celui de l'an 8. L'inondation a été mauvaise cette année, et beaucoup de villages n'ont pas eu d'eau.

L'on n'a pas compris dans la dette ce qui est dû aux provinces pour les objets fournis en nature pour le passage des troupes.

Il sera facile de voir, par ces observations, qu'aussi long-temps que l'armée en Egypte sera active, que le commerce avec l'extérieur n'aura pas repris, l'on ne pourra jamais parvenir à établir la recette égale à la dépense : les finances ne pourront donc être dans un état satisfaisant avant la paix.

Certifié conforme, par moi, commissaire-ordonnateur en chef de l'armée, aux états particuliers qui m'ont été remis.

Au Caire, le 16 vendémiaire an 8 de la république française.

Vu par le général en chef, *Signé* KLÉBER.

ARMÉE D'ORIENT. — ARTILLERIE.

Etat des principaux objets relatifs à l'artillerie, manquant à l'armemer des places, à l'armée active et à l'équipage de siége,

NATURE DES OBJETS.	NOMBRE DES OBJETS			TOTAL.
	dans les places.	à l'armée active.	à l'équipage de siége.	
Bouches à feu.... canons de tous calibres.	197	45	14	
mortiers et pierriers de différens calibres....	22	—	6	309
obusiers de différens calibres.........	16	5	4	
Affûts de rechange de toutes espèc.	124	38	25	187
Boulets de différens calibres....	150,000	36,000	14,000	200,000
Bombes et obus de tous calibres..	10,800	1,800	4,200	16,800
Balles de fer battu pour mitrailles.	1,696,000	400,000	70,000	2,166,000
Grenades de remparts et à mains.	10,000	—	—	10,000
Plombs en saumons.........	300,000 *lb*	400,000 *lb*	—	700,000 *l*
Poudre de guerre..........	600,000 *lb*	400,000 *lb*	150,000 *lb*	1,150,000 *l*
Pierres à feu............	400,000	600,000	—	1,000,000
Armes portatives fusils avec baïonnettes, baguettes, etc.....	10,000	10,000	—	20,000
carabines.........	—	2,000	—	2,000
pistolets de calibre..	—	4,000	—	4,000
baïonnettes de rechange	—	10,000	—	10,000
platines, *idem*.....	—	5,000	—	5,000
pièces de rechange de toutes espèces.....	—	40,000	—	40,000
sabres à la husarde.	—	1,200	—	1,200
sabres de cavalerie..	—	1,200	—	1,200
sabres d'infanterie.	—	6,000	—	6,000
sabres d'artillerie...	—	1,000	—	1,000
Outils à pioniers pelles quarrées	2,000	700	500	3,200
pelles rondes.	3,000	2,000	1,500	6,500
hoyaux.	3,000	2,000	1,500	6,500
pics à roc....	500	400	300	1,200
tranchans haches.....	800	400	600	1,800
serpes......	1,600	800	1,200	2,600
d'ouvriers en fer et en bois de toutes espèces.....	2,317	1,171	1,146	4,634 qr
Fers de différ. échantillons, (quint.)	400 qrs.	300 qrs.	100 qrs.	800
Aciers (quintaux).........	80	20	60	160
Charbon de terre (quintaux)...	1,200 qrs.	900 qrs.	300 qrs.	2,400 q
Forges de campagne........	—	10	—	10
Feuilles de fer-blanc.......	96,000	48,000	6,000	150,000
Tôles (feuilles).........	600	600	—	1,200
Cuivre laminé (quintaux)....	100 qrs.	150 qrs.	—	250 q
Bois (solives de différ. échantillons)	3,000	1,500	1,500	6,000
Bois de fusils...........	5,000	5,000	—	10,000
Étoffes pour sachets (aunes, etc.)	10,000	25,000	—	35,000
Papiers pour gargousses et cartouches (rames, etc.).....	680	300	80	1,060
Sacs à terre...........	200,000	50,000	50,000	300,000
Mèches (livres).........	100,000	25,000	25,000	150,000
Cordages et menus cordag. (quint.)	60 qrs.	20 qrs.	20 qrs.	100 q
Poix noire, blanche; résine, goudron, souffre, cire suisse (liv.)	12,000	—	6,000	18,000
Ustensiles d'art. de toutes espèces.	500	300	200	1,000

Signé KLÉBER, *général en chef,*

Observations.

Il n'y a dans les places que la moitié des bouches à feu nécessaires à leur armement, et la plupart sont hors de service; les meilleures sont à la marine qui les redemande.

Le charbon de bois est épuisé; il n'y a aucun moyen d'en faire.

Ce tableau au moins est appuyé d'un mémoire qu'on a cru inutile d'envoyer.

Signé KLÉBER.

Au Caire, le 9 vendémiaire an 7.

Signé FOUCHER, général d'artillerie.

N°. VIII.
BUREAU DES PORTS,

Alexandrie, le 10 vendémiaire an 8.

L'Ordonnateur de la marine en Egypte, au ministre de la Marine et des Colonies.

CITOYEN MINISTRE,

Je désire ardemment que l'arrivée de quatre bâtimens, aux ordres du contre-amiral Ganteaume, vous ait mis à même de recevoir le peu de mots qu'il m'ait été possible de leur remettre, par duplicata, le 5 fructidor dernier, époque de leur départ.

Voici à tout événement la liste de ces bâtimens:

BATIMENS.		ARTILLERIE.		COMMANDANS.
		Batteries.	Gaillards.	
Le Muiron. . .	Frégates vénitiennes, clouées et chevillées en fer, doublées en cuivre; la première le 3 brumaire, la seconde le 25 dudit an 7.	28 de 18	12 de 6	Ganteaume, contre-amiral. Delarue, capitaine de frégate.
Le Carrère. . . .	. . . .	28 de 12	10 de $5\frac{1}{2}$	Dumanoir - Lepeley, chef de division.
L'Indépendant.	Aviso.	4 de 6	. . . . . .	Gastaud, E. N.
La Revanche. .	Dito.	4 de 3	. . . . . .	Picard, E. E.

C'est à bord de la frégate *le Muiron* que s'est embarqué le général Bonaparte. Les proclamations dont j'ai annexé ici les copies, ont fait connaître à l'armée son départ, et son remplacement par le général Kléber.

J'aurais voulu joindre ici une liste exacte des passagers embarqués à bord de ces quatre bâtimens; mais le *secret* du départ a empêché de les porter sur le rôle du bureau des armemens, et c'est en vain que je me suis adressé à l'état-major-général actuel. Voici la seule liste que le chef du bureau des armemens ait pu me procurer, et une liste présumée.

Le général Bonaparte et le contre-amiral Ganteaume vous auront mieux instruit, que je ne pourrais le faire, de notre situation intérieure. Je me contente de vous hasarder des sommaires particuliers au port d'Alexandrie.

Privés à peu près de toute correspondance depuis notre arrivée en Égypte, nous avons des preuves évidentes de l'activité que mettent les ennemis à intercepter les communications. Ils conviendrait, je pense, de profiter d'un bâtiment de choix pour faire passer un chiffre qui mît à même de vous rendre des comptes détaillés.

Depuis le départ du général Bonaparte, les vigies d'Alexandrie n'ont signalé que trois bâtimens éloignés, et un bateau soupçonné porteur de paquets; il aurait pu être intercepté, si nous avions eu ici quelques bâtimens légers, doublés en cuivre. Il n'est pas de mon ressort de vous parler des forces militaires maritimes, seul moyen de consolider les succès de l'armée de terre; mais je dois avoir l'honneur de vous observer que, dans les momens où il n'y a pas de blocus, des bâtimens de douze à seize canons, doublés en cuivre, pourraient exécuter des expéditions très-utiles à cette colonie.

Voici copie d'un rapport du général en chef au directoire. On parle confusément d'un rassemblement, en Syrie, de troupes aux ordres directs du grand-vizir, composées : 1°. de celles qu'il a amenées; 2°. de celles de Dgezzar, pacha d'Acre; 3°. enfin, de ce qui reste de Mamelouks à Ibrahim-Bey, ancien cheïck-el-belled.

Quelle que soit, citoyen ministre, l'issue des opérations militaires, il me paraît de la dernière urgence que le directoire exécutif nomme un commissaire qui, muni d'instructions, ait l'autorité convenable pour suppléer à l'ancienne inspection de l'ambassadeur près la Porte Ottomane, et avise aux moyens, soit de diminuer les plaies du commerce du Levant, soit de le faire renaître à la paix; l'industrie et la subsis-

tance des départemens méridionaux comman-
dent cette mesure. Ces utiles fonctions, citoyen
ministre, ont besoin d'être confiées à quelqu'ancien administrateur des colonies, habitué
à réparer les maux que causent inévitablement
au commerce maritime, les invasions militaires
et leurs suites. Il sera on ne peut plus essentiel
de tracer avec rigueur la démarcation des pouvoirs. L'ardeur guerrière connaît peu le système
des contre-poids ; elle sacrifie tout aux besoins
du moment ; elle s'empare et des officiers supérieurs et des officiers subalternes. Ils oublient
combien le respect des lois, l'amour de l'ordre
assurent les résultats ; ils servent leur ambition
particulière, et occasionnent, sans le vouloir, des
désordres irréparables.

J'ai vu un officier, estimable d'ailleurs, vouloir commander la rade, les armes et les travaux. Survenait-il un contre-amiral, les pouvoirs s'entrechoquaient, les désordres se multi-
pliaient ; l'intérêt particulier était le seul qui,
suivant avec constance ses vues, profitait de la
multiplicité des moyens d'obtenir. Le recrutement des classes dans la Méditerranée, le rétablissement du commerce dans cette mer, exi-
gent les mesures les plus promptes, les plus
vigoureuses et les plus sages.

Salut et respect. *Signé* LE ROY.

P. S. Depuis ma lettre écrite, j'ai demandé quelques renseignemens à un capitaine de navire qui a fréquenté les Echelles ; je les avais vainement demandés au commerce.

Les marchandises françaises se débitaient en Egypte par échange contre les marchandises du pays, qui se composaient de ses productions, de celles du Yémen et de celles de l'intérieur de l'Afrique.

Les beys demandaient aux négocians ce dont ils avaient besoin, mais à crédit : ils payaient lorsque bon leur semblait ; de sorte qu'il reste dans toutes les places de commerce de l'Egypte des dettes considérables, les unes provenant d'échanges qui n'ont pas été acquittées, les autres des dettes antérieures.

Dans la position actuelle, il paraît de la prudence et de la justice de charger un agent du gouvernement de se faire représenter les livres de crédit des différentes maisons françaises, pour connaître ce qui est dû au commerce entier, puis mettre à même le gouvernement de prendre les mesures jugées nécessaires.

A l'égard des autres Echelles du Levant, la paix seule pourra faciliter au commerce les moyens de répéter ce qui lui est dû. L'objet du gouvernement doit être de lui préparer les

3 *

moyens de protection nécessaires pour appuyer ses réclamations.

L. R.

N°. 1. — *État des passagers sur les bâtimens ci-après, partis le 6 fructidor an 7.*

SAVOIR:

Frégate Le Carrère.

Léon Levavasseur, directeur d'artillerie; François-Joseph Allemand, capitaine de frégate.

Frégate Le Muiron.

Joseph-Marie Nouveau, maître calfat entretenu, provenant du vaisseau l'Orient, ayant été employé depuis à Alexandrie.

Alexandrie, le 23 fructidor an 7 de la république.

Signé GIRAUD, sous-commissaire de marine.

Pour copie,   LE ROY.

N°. 2. — *Liste des passagers présumés embarqués sur les bâtimens de la république, aux ordres du contre-amiral Ganteaume.*

SAVOIR:

Bonaparte, général en chef.

Beauharnais,
La Valette,   } aides-de-camp.
Duroc,
Merlin,

Fauvelet Boursienne, secrétaire,
Berthier, général de division,
L'Huilier, aide-de-camp,
Andréossy, général de brigade,
Lannes, général de brigade,
Murat, général de brigade,
Marmont, général de brigade,
Montesney, aide-de-camp,
Beissières, chef de brigade des guides,
Monge, membre de l'Institut national,
Bertholet, *idem*,
Denon, membre de l'Institut d'Egypte,
Perceval, *idem*,

L. R.

No. IX.

LIBERTÉ.   ÉGALITÉ.

RÉPUBLIQUE FRANÇAISE,

Au Caire, le premier vendémiaire an 8.

E. Poussielgue, contrôleur des dépenses de l'armée, et administrateur-général des finances de l'Egypte, au Directoire exécutif.

CITOYENS DIRECTEURS,

J'ai été chargé exclusivement, depuis l'arrivée de l'armée en Egypte, de l'administration des finances, et des autres parties qui tiennent à l'économie politique de ce pays.

Je crois vous devoir, après le départ du général Bonaparte, et dans la position critique où il nous laisse, un tableau abrégé, mais fidèle, des observations que j'ai recueillies, et des opinions politiques qui en sont le résultat.

Les voyageurs et les agens même du gouvernement français qui ont été en Egypte, se sont tellement accordés dans les idées exagérées qu'ils ont donnés sur les richesses naturelles et sur les trésors que renfermait cette contrée, que quinze mois de séjour, de recherches et d'expériences par un grand nombre d'hommes éclairés, n'ont pas encore totalement effacé ces fausses impressions.

On portait les revenus ordinaires, y compris les douanes, de 49 à 5o millions; on a même été jusqu'à 6o millions.

Il faut les réduire, en temps de paix, à 19 millions; un commerce bien entendu et protégé les porterait à 20.

En temps de guerre, tel que celui où nous n'avons cessé d'être, les revenus ne peuvent excéder 12 et 13 millions.

L'abondance, en Egypte, dépend d'abord d'un bon Nil, ensuite de la distribution des eaux. Il faut, chaque année, que les canaux soient nétoyés, que les digues soient réparées, et que chacune d'elles ne soit coupée ni plus tôt ni plus tard, que l'intérêt commun ne l'exige.

Il s'en faut que la distribution des canaux et leur entretien soient portés ici au degré d'utilité qu'on espérerait trouver dans un pays dont la fertilité dépend uniquement de l'observation de ces deux points.

Lors même que le Nil est bon, un grand nombre de terres demeurent incultes, faute d'ordre dans la coupe des digues; mais quand le Nil est mauvais ou médiocre, le dommage est dix fois plus grand qu'il ne devrait l'être; parce que tous les villages craignant de manquer d'eau, ceux qui sont les plus voisins du Nil se hâtent, avant le temps, de couper les digues, ce qui ne se fait pas sans combat contre les villages intéressés à s'y opposer; et, par ce procédé insensé, une grande partie des eaux, déjà si rares, se perd sans utilité.

Mais quelqu'abondantes que soient les récoltes, elles ne peuvent, dans le système actuel, accroître les revenus du gouvernement, quoiqu'il soit lui-même propriétaire des deux tiers des terres de l'Egypte, tandis qu'un mauvais Nil diminue considérablement le revenu.

Le système de finances de l'Egypte est entièrement féodal.

Le paysan cultive à son profit, moyennant

une redevance fixée, qu'il paie en argent ou en nature au propriétaire.

Cette redevance se divise en trois espèces générales.

Le *miri* : c'est la contribution foncière due au grand-seigneur : le propriétaire le perçoit et le paye ensuite aux effendis chargés d'en faire le recouvrement.

Ce *miri*, imposé sur les terres, monte à 3,000,000, suivant toutes les matrices de rôles que j'ai pu découvrir.

La seconde espèce de redevance s'appelle *fais*. C'est le cens ou revenu net, affecté originairement au propriétaire; il monte également, pour toutes les propriétés, y compris celle du gouvernement, à 5,000,000.

La troisième espèce s'appelle *barani* ou *moudaf*; elle se compose, 1°. d'un excédent de revenus imposé par le propriétaire par supplément au *fais*; 2°. des réquisitions extraordinaires de toute espèce, faites au village, soit en argent, soit en nature; 3°. des dépenses causées par des passages de troupes ou par la présence du propriétaire; 4°. de toutes les dépenses d'administration du village et de la province, fondations pieuses, etc.

Cette troisième espèce produit à tous les propriétaires de l'Egypte, 6,400,000.

Il y a enfin un produit de 1,500,000 provenant des droits que les cachefs percevaient à leur profit dans les provinces qu'ils gouvernaient.

Ainsi la totalité des revenus, en argent, que les cultivateurs des terres de l'Égypte supportent, non compris les vols immenses des cophtes qui les perçoivent, est de près de 14,000,000.

Il faut en déduire 3,200,000 liv. pour le *fais* et le *barani*, des propriétés qui n'appartiennent pas au gouvernement, et qui sont évaluées au tiers de l'Égypte; il restera au gouvernement 10,800,000 liv.

On ne peut obtenir au-delà de cette somme, qu'en faisant des avances ou des exactions.

Il faut ajouter à ce revenu, le *fais* et le *barani* qui se payent en nature; ce qui n'a lieu que dans les provinces de la Haute-Égypte.

On estime cette redevance à 1,800,000 quintaux de toutes espèces de grains, pour la portion qui revient au gouvernement, ce qui équivaut à 1,000,000 de quintaux de froment pur à 3 liv. 10 s. prix moyen, et qui donne une somme de 3,500,000 liv.

Il faut en déduire 850,000 liv. pour les frais de recouvrement et de transport qui reviennent à 17 sols par quintal rendu au Caire; reste à 2,650,000 liv.

En temps de paix, on estime les produits des douanes et des autres droits indirects, à 5 millions environ.

La marque de la monnaie produit 750,000 liv.

Les revenus du gouvernement, en temps de paix, seraient donc de 19,200,000 liv.

Mais dans l'état de guerre où nous sommes, les douanes et revenus indirects ne produisent pas plus de 1,500,000 liv.

Les grains de la Haute-Égypte, qu'on ne peut vendre sur les lieux, et qu'on n'a pas de moyens suffisans pour faire descendre, ne produiront pas plus d'un million.

Les décharges à accorder aux villages pour terrains non arrosés, monteront encore à plus d'un million et demi.

Il faudrait encore déduire une foule de charges et de pensions du pays qu'il a fallu conserver, les frais relatifs à la caravane de la Mèque, qui ont été faits en partie l'année passée, et qu'il faudra faire en totalité cette année, les dépenses des divans des provinces et des janissaires du pays : toutes ces dépenses absorbent près de trois millions.

On ne peut donc compter les revenus affectés à l'armée, que pour neuf à dix millions, sur lesquels il ne reste qu'environ deux millions à recouvrer d'ici à la fin de frimaire prochain.

Le général Bonaparte a levé, dans les premiers mois de notre arrivée, sur les différentes nations et sur les négocians, environ quatre millions de contributions extraordinaires. Il a fait percevoir un droit des deux cinquièmes des revenus d'une année sur les propriétés foncières des particuliers, qui a produit 1,200,000 liv.

Ces moyens sont usés : il n'y a plus de contributions extraordinaires à espérer dans un pays sans aucun commerce depuis dix-neuf mois ; l'argent des chrétiens est épuisé ; on ne pourrait en demander aux Turcs, sans occasionner une révolte, et d'ailleurs on n'en obtiendrait pas ; l'argent est enfoui ; et les Turcs, plus encore que les chrétiens, se laissent assommer de coups, et QUELQUES-UNS SE SONT LAISSÉ COUPER LA TÊTE plutôt que de découvrir leurs trésors.

Le recouvrement des revenus se commence en frimaire, pour les pays cultivés en rizières ; en pluviose, pour ceux cultivés en bled et autres denrées, mais qui payent en argent ; et en messidor, pour ceux qui payent en nature.

Les paysans tiennent encore plus à leur argent que les habitans des villes : ils ne payent qu'à *la dernière extrémité* et sou à sou ; leur argent est caché ; leurs denrées et leurs effets sont enfouis. Il savent qu'il faudra toujours finir par payer, et qu'en le faisant volontairement aux époques fixées, ils épargneraient des contraintes qui leur coûtent le double. Ils aiment mieux attendre une colonne de troupes; s'ils la voient venir, ils s'enfuient avec leurs femmes, leurs enfans et leurs bestiaux, et l'on ne trouve plus que des cahutes abandonnées. S'ils croient être assez forts pour résister, ils se battent et appellent les villages voisins, et même les Arabes, à leur secours. Ils ont toujours des hommes à l'affût pour être avertis à temps de l'approche des troupes.

Quelquefois on peut attraper les chefs du village; on les mène en prison, où on les retient jusqu'à ce que le village ait payé : ce moyen est lent, et ne réussit pas toujours. Si on parvient à leur enlever leurs chameaux, leurs buffles et leurs troupeaux, ils les laissent vendre, au lieu de les racheter en s'acquittant, et s'exposent à mourir de faim, en laissant leurs terres incultes l'année suivante.

Il faut donc avoir sans cesse, dans chacune des seize provinces de l'Égypte, une colonne de soixante, quatre-vingts ou cent hommes, uniquement employés à forcer les villages à payer; et souvent, après une tournée pénible, ils reviennent avec très-peu de chose.

Il est facile d'imaginer toutes les exactions, les dégâts et les désordres qui accompagnent souvent leurs courses, quelque sévère que puisse être la discipline.

Un inconvénient très-grave s'oppose aux recouvremens pendant les huit mois où l'Egypte n'est pas inondée : c'est le temps où les Arabes peuvent faire leurs courses, où les descentes ont lieu, et où l'on est menacé d'être attaqué de tous les côtés. Il faut alors se battre tous les jours, et à peine une colonne a-t-elle entrepris une tournée, qu'elle est forcée de rétrograder sur ses pas pour aller punir des villages révoltés, ou chasser des Mamelouks et des Arabes.

Le recouvrement des grains est encore plus difficile : il faut également, *par la baïonnette*, contraindre les villages à payer ceux qu'ils doivent ; il faut les transporter dans les magasins sur les bords du Nil ; il faut enfin les faire filer sur le Caire.

Quand on a vaincu les deux premiers obstacles, il reste à vaincre le plus difficile, à cause du petit nombre de bateaux qu'on peut employer à ces transports, et parce qu'ils ne peuvent être faits que pendant les quatre mois où le Nil est navigable. Depuis notre arrivée, il a été détruit un très-grand nombre de barques qui, faute de bois de chauffage, ont été brûlées ; elles n'ont pas été, et ne pouvaient être remplacées ; une partie de celles qui restent est sans cesse employée aux mouvemens des troupes qui poursuivent Mourad-Bey.

L'année passée il a fallu acheter comptant au Caire pour la subsistance de l'armée, et malgré l'extrême pénurie d'argent, pour trois cent mille livres de bled, tandis que nous en avions pour plusieurs millions dans la Haute-Egypte.

Cette année-ci les barques ont apporté exclusivement les grains du gouvernement. Il en résulte un autre inconvénient; la ville du Caire manque de bled, et l'inquiétude du peuple pour la subsistance a déjà causé quelque fermentation.

Malgré tous ces inconvéniens, il y avait encore l'année passée du numéraire; le commerce de l'année précédente en avait apporté, et, *lors du départ du général Bonaparte, il était encore dû cependant plus de dix millions à l'armée, dont quatre millions de solde.*

Aujourd'hui le numéraire disparaît totalement; on ne voit plus que des médins qui circulent avec une rapidité inconcevable.

Cette monnaie n'a qu'un peu plus d'un tiers de la valeur intrinsèque des autres monnaies. Avant la guerre, on apportait beaucoup de piastres d'Espagne et on emportait des médins; à présent, les piastres se sont écoulées par le commerce du café avec l'Yémen, où elles ont été fondues à la monnaie; en sorte qu'elles augmentent de valeur ainsi que les monnaies d'or, en raison dé leur rareté et de la grande abondance des médins. Il en résulte le renchérissement des denrées et beaucoup d'entraves dans la circulation des espèces.

L'engorgement actuel de toutes les denrées de l'Egypte, par une suite semblable de la cessation du commerce, est un inconvénient bien plus grave; il *achèvera de ruiner ce pays*, car les villages devant toujours payer les mêmes sommes, et ne pouvant ni exporter ni trouver à vendre leurs denrées, leurs habitans vont être réduits à la dernière misère, et l'armée qui avait déjà tant de peine à avoir de l'argent quand il y en avait encore, va être bientôt dans l'impossibilité de s'en procurer.

La caisse de l'armée est constamment vide, et chaque mois, d'ici à quelque temps, on n'aura pas la perspective de recouvrer plus de deux à trois cent mille livres, tandis que les dépenses réglées s'élèvent à un million trois cent mille liv. par mois.

Le peuple égyptien, nonobstant ses fréquentes *révoltes* contre nous, peut passer pour un peuple très-doux; mais il et *dissimulé, et il s'en faut de beaucoup qu'il nous aime*, quoiqu'il ait été traité avec plus d'égards qu'on n'en ait jamais accordé à aucun peuple conquis.

La différence des mœurs, celle extrêmement

importante de la langue, et sur-tout leur religion, sont des obstacles invincibles à toute
affection sincère.

Ils détestent le gouvernement des mamelouks; ils craignent le joug de Constantinople;
mais ils ne souffriront jamais le nôtre que dans
l'attente de le secouer. Ils nous accorderaient
seulement la préférence sur toutes les nations
qu'ils appellent CHRÉTIENNES.

Nous avons par-tout ici autour de nous *dix
mille* ennemis cachés, pour *un* ami apparent.

Nous avions réussi à entretenir une bonne
intelligence avec le chérif de la Mèque, et les
lettres qu'il avait écrites au général Bonaparte
et à moi avaient tranquillisé un moment les
consciences des musulmans de l'Egypte; mais
des espions qu'il a envoyés au Caire depuis que
le grand-vizir est à Damas, donnent lieu de
présumer qu'il a changé de dispositions à notre
égard, et qu'en suivant les insinuations des
Anglais, qui ont actuellement des forces dans
la mer Rouge, il s'est rangé du côté de nos
ennemis.

Nous avions 51,000 hommes sous les armes
et bien portans à notre arrivée en Egypte. Il n'y
avait alors que les mamelouks et les Arabes à
combattre, et cependant ils occupèrent exclusivement et chaque jour, jusqu'à la fin de pluviose, toute cette armée.

Aujourd'hui les mamelouks, quoique dispersés, existent encore presque tous, et peuvent en un moment où l'armée serait occupée ailleurs, se réunir très-promptement. Ils n'ont perdu que quatre ou cinq sous-chefs : les principaux qui restent sont toujours puissans et ont du crédit.

Les Arabes n'ont pas diminué de nombre; ils nous haïssent autant qu'à notre arrivée, et leur vie errante les empêche de nous craindre.

Quand nous sommes débarqués, les Egyptiens ont cru, comme *nous le leur disions*, que c'était *d'accord avec le grand-seigneur*; ils se sont soumis avec plus de docilité : à présent, ils sont bien convaincus du contraire; ceux qui paraissent nous servir, se croient, *par notre* MENSONGE, autorisés à nous trahir; ils le feront à la première occasion, et déjà ils tressaillaient de plaisir lors du débarquement de messidor dernier à Aboukir.

Mais quant à ces nombreux ennemis au milieu desquels nous vivons, viennent se réunir ceux du dehors; que le grand-vizir même, avec les principaux officiers du grand-seigneur, rassemble toutes les forces ottomanes pour nous attaquer sur divers points à-la-fois, par terre et par mer, et qu'il a pour auxiliaires les Anglais et les Russes; qu'il invite les grands et les peuples d'Egypte à la révolte; qu'enfin le peu d'Arabes qui nous étaient demeurés attachés, nous abandonnent pour se joindre à lui; il est facile de concevoir que notre situation devient désespérée.

L'ennemi perd une armée; il en fait une autre à l'instant: il a été battu au mont Tabor;—deux mois après il l'a été à Aboukir: le même temps s'est écoulé, et il va se faire battre tout-à-l'heure à Salahieh. Mais chaque victoire nous coûte nos meilleurs soldats, et *leur perte ne se répare pas.* Un revers nous *anéantirait tous*, et quelque brave que soit l'armée, *elle ne pourra l'éviter encore bien long-temps.*

La guerre nous a enlevé d'excellens officiers-généraux, tels que le général Caffarelli, le général Dommartin, le général Bon, le général Rambault et le général Dupuis; presque tout le corps du génie et une très-grande partie des chefs de brigade d'infanterie et de cavalerie. Il est parti plusieurs généraux estimés, et le général Bonaparte en a emmené cinq avec lui.

L'armée sans habits et sur-tout sans armes et sans munitions, réduite à moins de deux tiers en nombre, n'a pas plus de onze mille hommes en état de marcher à l'ennemi; quoiqu'il paraisse y en avoir sous les armes environ treize à quatorze mille, mais c'est que beaucoup de sol-dats présens à l'appel aiment mieux, malgré leurs blessures ou leurs maladies, faire le ser-vice du quartier que de demeurer dans les hôpitaux ou dans les dépôts : lorsqu'il s'agit de faire une marche un peu longue, et de combattre, on reconnaît leur invalidité forcée.

Les ophtalmies, les dissenteries, les blessures et d'autres maladies non moins communes ici, ont mis le reste de l'armée absolument hors de combat.

Les hommes même qui peuvent marcher sont épuisés de fatigues, affaiblis par le climat, les blessures et les maladies qu'ils ont essuyées, et leur courage est diminué en proportion.

Avec ce petit nombre d'hommes, il faut couvrir cinq cents lieues de superficie, contenir trois millions d'habitans qui sont autant d'ennemis, garnir les places et les forts à Alexandrie, Rosette, Ramanieh, Gisez, Benisuef, Médine, Minuet, Siout, Girgé, Kené, Kosseir, le Caire, Suez, Mitt-Kaniar, Salahieh, El-Arich, Bilbeis, Catieh, Damiette, Mansora, Semenoud et El-Benouf. Si le grand-vizir attaque, on ne pourra opposer que cinq à six mille hommes à toutes les forces ottomanes qui seront à ses ordres; et s'il fait une double attaque, il entrera dans le pays sans qu'on puisse l'en empêcher; ce qui serait arrivé au général Bonaparte, si en même temps que les Turcs faisaient un débarquement à Aboukir, ils eussent fait marcher l'armée en Syrie sur l'Egypte.

4*

Dans trois mois, il faudra passer une seconde fois par l'épreuve funeste de la peste, qui peut faire des ravages épouvantables. Cette perspective effrayante abat les courages les plus intrépides.

Pour comble de malheur, le Nil de cette année a été extrêmement mauvais, en ce qu'il s'est écoulé tout de suite, sans que les terres aient eu le temps d'être successivement arrosées. Nous ne pourront retirer aucune contribution des villages qui n'auront pas eu d'eau, et nous sommes menacés de la plus affreuse misère.

Il n'est pas un soldat, un officier, qui ne soupire après son retour en France, persuadés, comme ils le sont, qu'ils sacrifient ici, inutilement pour leur patrie, leur santé et leur vie.

Cependant, d'après la situation où sont les affaires en France, et puisque, depuis quinze mois, il n'a pas été possible de nous envoyer des secours, nous ne devons plus en espérer d'assez prompts, sur-tout la saison favorable étant passée.

L'armée a vu avec plaisir le général Kléber avoir le commandement après le départ du général Bonaparte; personne ne pouvait lui inspirer plus d'estime et de confiance.

Mais il est plein d'honneur et de fierté; et plus la tâche qu'on lui a laissée est difficile, plus il craindra d'écouter des sentimens commandés par les circonstances et pour l'intérêt de l'armée, mais que, par la suite, on pourrait taxer de timidité.

N'ayant pas la même responsabilité, je ne crains pas, citoyens directeurs, d'exposer à vos yeux la vérité ; et, telle que vous la lisez, vous la trouveriez *bien affaiblie*, si les bornes d'une lettre permettaient d'entrer dans de plus grands détails.

L'Egypte est un superbe pays ; notre situation n'est qu'un effet des circonstances, elle prouve seulement que nous y sommes venus trop tôt, et qu'il n'est pas encore temps de nous y établir.

Il n'y a aucun doute que, si nous étions les maîtres paisibles de l'Egypte, en peu d'années nous en ferions disparaître la plupart des fléaux qui la désolent, tels que la peste et les Arabes, et que nous donnerions à l'agriculture et au commerce une vie nouvelle qui ramènerait ce pays à son ancienne splendeur. Ce serait la plus belle colonie de l'univers, qui deviendrait bientôt le régulateur du commerce du monde.

Mais l'Egypte est bornée par les deux mers et par des déserts.

Il faut avoir une marine puissante pour être maître d'y aborder, et sur-tout pour protéger son commerce et en obtenir tous les avantages qu'il promet.

La république française est actuellement sans marine : elle sera long-temps encore, avant d'en avoir une qui puisse rivaliser avec celle de ses ennemis.

Vouloir conserver l'Egypte sans avoir aucun moyen d'y porter, d'y assurer des secours de toute espèce, c'est s'exposer à être forcé de l'abandonner à la Russie ou à l'Angleterre, qui, sous prétexte de nous en chasser, s'y établiraient, et dès-lors s'y mettraient bientôt en état de nous en exclure pour toujours.

Nous pourrions encore nous y maintenir, si nous avions le consentement de la Porte ; mais, si l'on n'a pas cru pouvoir l'obtenir avant notre invasion, on le pourra bien moins aujourd'hui, que la Porte s'est mise à la merci des Russes et des Anglais ; et fût-elle, contre toute apparence, disposée, par des considérations politiques, à nous laisser occuper l'Egypte provisoirement, jamais les Anglais ne le lui permettraient.

Quand l'expédition d'Egypte a eu lieu, nous étions en paix sur le continent ; nous avions encore un reste de marine dans la Méditerranée ; nous possédions toute l'Italie, Corfou et Malte ; on pouvait espérer d'obtenir le consentement, au moins tacite, du grand-seigneur, et on serait arrivé au but que l'on se proposait contre les Anglais ; car je pense, avec tout le monde, qu'il s'agissait, en les faisant trembler pour leurs possessions de l'Inde, de les forcer à une paix avantageuse pour la république, en faisant de l'évacuation de l'Egypte un objet de compensation pour les restitutions que nous leur demanderions.

Mais la bataille navale d'Aboukir a tout renversé : elle a détruit notre marine ; elle nous a empêché de recevoir le reste des forces qui nous étaient destinées ; elle a laissé à nos ennemis le champ libre pour nous faire déclarer la guerre par la Porte ; elle a rallumé celle qui était mal éteinte avec l'empereur d'Allemagne ; elle a ouvert la Méditerranée aux Russes, et les a portés sur nos frontières ; elle nous a fait bientôt perdre l'Italie et les belles possessions dans l'Adriatique, que nous avions dues aux *heureuses* campagnes du général Bonaparte ; enfin, elle a fait à l'instant avorter tous nos projets, puisqu'il n'a plus fallu depuis songer à inquiéter les Anglais dans les Indes. Le peuple d'Egypte, que nous avions dû considérer comme ami, comme allié, devenait subitement notre ennemi, et, environnés entièrement par les Musulmans, nous nous trouvions réduits à une défense difficile, sans plus entrevoir aucun but d'utilité.

Aujourd'hui, il ne faut plus espérer d'obtenir que les Anglais prennent en considération, dans un traité de paix, l'évacuation de l'Egypte. Ils savent d'abord l'état de dénûment et de faiblesse où nous y sommes réduits, ce qui nous met dans l'impossibilité de rien tenter contre eux; ils savent que quand même nous recevrions des secours, ce qu'ils empêcheront de tous leurs moyens, nous n'en serions pas plus avancés, tant que nous aurons à combattre les Musulmans, et ils sont assurés que la Porte ne fera pas la paix sans leur consentement, ou sans que la condition préliminaire, pour cesser la guerre, ne soit l'évacuation de l'Egypte.

Ainsi notre but est manqué sous ce rapport, qui ne peut plus concerner les Anglais; et que, soit à titre de conquête, soit à titre de colonie, nous ne pouvons plus conserver l'Egypte.

Mais il y a plus : c'est que si nous tardons à traiter, nous sommes dans un tel état de faiblesse, que nous ne serons plus à temps de le faire; et que le reste de l'armée périra, ou qu'il faudra évacuer sans conditions, tandis qu'on peut encore faire de cette évacuation le prix du rétablissement de la paix avec l'empire Ottoman et avec les puissances barbaresques, resserrer nos anciennes liaisons avec la Porte, et reprendre, dans le Levant, le commerce exclusif dont nous jouissions.

Ce traité, auquel les Anglais ne peuvent être étrangers, *préparerait la paix* qu'il est temps, enfin, de faire avec eux ; il amènerait infailliblement une déclaration de guerre de la Russie à la Porte, et opérerait une heureuse diversion dans nos affaires d'Europe ; *nous pourrions espérer de reprendre ce que nous avons perdu dans la Méditerranée.*

Cette opinion me paraît d'autant plus fondée, que les Anglais ne peuvent voir sans quelque inquiétude, et sans une secrète jalousie, les progrès des Russes, bien plus dangereux pour eux que notre puissance continentale, aujourd'hui que notre marine est détruite, et que nous avons perdu nos conquêtes maritimes.

Le seul événement qui pourrait nous permettre de conserver l'Egypte, ce serait une prompte déclaration de guerre des Russes à la Porte : toutes les forces ottomanes qui se portent ici, voleraient bien vite à la défense du centre de l'empire. Le grand-seigneur consentirait alors à la paix aux conditions qui nous conviendraient.

Mais il est probable qu'à moins d'un traité d'alliance entre la république française et la Russie, qui pourrait un moment nous être utile, mais qui serait impolitique, cette dernière puissance attendra que la Porte Ottomane ait fait la paix avec nous pour lui déclarer la guerre; car, en nous battant avec la Porte, nous diminuons ses forces et ses moyens; c'est travailler pour la Russie, qui, de son côté, ne pouvant faire la guerre à la Porte, sans lui faire aussitôt conclure la paix avec nous, va au même but, de détruire cette puissance, en faisant la guerre aux Français qu'elle sait être son seul appui.

L'on regarde aujourd'hui l'empire ottoman comme un vieil édifice prêt à s'écrouler; les puissances de l'Europe s'apprêtent, depuis long-temps, à s'en partager les lambeaux, et plusieurs politiques croient cet événement très-prochain : dans cette hypothèse, il est convenable, pensent-ils, que la France ait sa part de la dépouille, et l'Egypte est son lot.

Si cette ruine de l'empire ottoman, qui n'est rien moins que sûre, quand on considère combien elle amènerait de discussions et d'oppositions entre les grandes puissances de l'Europe, même entre celles qui se seraient combinées pour cet objet; quand on considère encore qu'il sera éternellement de l'intérêt de la France, de *l'Angleterre*, de la Prusse, et même de l'Empereur, *de s'y opposer*; si cette ruine, dis-je, finissait par se consommer, la France serait toujours *à temps d'avoir l'Egypte* : d'ailleurs les Français y seraient appelés par les Turcs mêmes, quand ceux-

ci se verraient menacés par les Russes qu'ils haïssent mortellement.

La France est un si beau pays, les Français
sont si puissans par leur nombre, par leurs richesses, et par leur position à l'égard des autres
puissances, *qu'ils ne peuvent rien gagner à un
bouleversement de l'Europe;* tandis que ce bouleversement peut créer une nouvelle puissance
dominante qui enleverait tous ses avantages dans
la Méditerranée.

En me résumant, citoyens directeurs, je con-
clus que nous sommes trop éloignés, et que les
événemens se pressent trop pour qu'il soit possible d'attendre vos ordres avant de prendre un
parti, à moins de compromettre les intérêts de la
république, la sûreté et la gloire du reste de
l'armée.

Qu'infailliblement il faudra évacuer l'Egypte,
en rétablissant à ce prix la paix et tous nos anciens rapports avec les Ottomans et les Barbaresques.

Que tout ce que vous avez à espérer mainte-
nant, quelles que soient vos vues sur l'Egypte,
c'est, dans la disposition où est le général Kléber,
que l'évacuation soit retardée le plus possible par
les lenteurs qu'il cherchera à apporter dans les
négociations, si on a le bonheur de négocier.

Qu'enfin, si l'évacuation a lieu sans qu'on

puisse attendre vos ordres, c'est qu'elle aura été inévitable, et que dans l'ignorance où nous sommes ici de la véritable situation de la France et de l'Europe, cette évacuation se trouve commandée par la prudence, et d'accord avec nos intérêts politiques.

Salut et respect. E. POUSSIELGUE.

N°. X.

LIBERTÉ.   ÉGALITÉ.

Au Caire, le 19 vendémiaire an 8
de la république française.

E. Poussielgue, *contrôleur des dépenses de l'armée, administrateur-général de l'Egypte, aux commissaires de la trésorerie nationale.*

CITOYENS COMMISSAIRES,

Je n'aurai de compte à vous rendre que quand je serai de retour en France, ou quand la liberté et la sûreté des communications seront rétablies. Ce compte sera court; il se trouvera plus détaillé dans le compte de votre payeur-général.

Je me borne à vous assurer qu'on ne peut mettre plus d'ordre dans la comptabilité; plus d'intégrité dans les paiemens, et plus d'observations des règles prescrites par les lois et par vos instructions, que ne l'a fait votre payeur-général.

Malgré une sévère économie, l'armée est extrêmement arriérée : il est dû plus de dix millions, et nos ressources diminuant chaque jour, cette arriéré s'accroîtra. Il vous sera présenté successivement des lettres-de-change qu'il a fallu donner à toutes les parties prenantes à qui on ne pouvait donner du numéraire. Je vous prie, citoyens commissaires, d'y faire honneur pour conserver à l'armée ce seul crédit qui lui reste, autant que pour être justes envers des hommes qui font ici le sacrifice de leur santé, et qui supportent toutes les espèces de privations imaginables.

Salut et respect.　　　　POUSSIELGUE.

N°. XI.

LIBERTÉ.　　　　　　　　ÉGALITÉ.

Au Caire, le 28 vendémiaire an 8
de la république française.

E. Poussielgue, *contrôleur des dépenses de l'armée, et administrateur-général des finances de l'Egypte, au citoyen Merlin, membre du Directoire exécutif.*

CITOYEN DIRECTEUR,

Depuis que j'ai remis au citoyen Barras la première dépêche que j'ai eu l'honneur de vous adresser, les conférences particulières qui ont eu lieu avec l'effendi revenu de Damas ont laissé entrevoir, nonobstant la lettre du grand-vizir, des voies d'accommodement qui peuvent devenir extrêmement importantes pour la république française; mais elles dépendent uniquement de la part que les Anglais voudront y prendre.

Le général Kléber met sous les yeux du directoire les notes qui contiennent l'analyse de la conférence. Il m'est bien démontré que le grand-vizir serait disposé à faire tout ce que nous désirerions, s'il ne craignait qu'à la première apparence de son intelligence avec nous, la Russie n'attaquât à l'improviste l'empire ottoman qui n'est pas en état de se défendre; mais si la Porte était assurée d'une alliance puissante qui soutiendrait bientôt ses faibles efforts, et finirait par la rendre victorieuse, elle ne balancerait pas à prendre son parti, et cependant les dispositions sont toujours subordonnées à ce que les Anglais soient d'accord avec lui et avec nous.

Or, comme la république française ne peut rien craindre des Anglais qui ne soit fort au-dessous de ce que l'établissement des Russes dans la Méditerranée lui ferait perdre; qu'il n'y a pas à espérer que pendant la guerre actuelle on puisse obtenir aucune restitution de la part des Anglais, autrement que par un prompt traité qui leur présenterait d'autres avantages, et qu'en supposant même qu'ils ne consentissent à aucune restitution, il n'y aurait aucun intérêt présent à continuer la guerre, et aucun inconvénient à AJOURNER *nos réclamations à des temps plus heureux.* Le directoire exécutif, s'il goûtait le plan, résultant des notes que lui envoie le général Kléber, pourrait applanir toutes les difficultés, et d'un seul coup, par son alliance avec les Anglais et la Porte, délivrer la république française de ces deux puissans ennemis et de tous les autres, dont ils entraîneraient nécessairement la chute.

Dans tous les cas, il est nécessaire d'entamer vivement des négociations avec les Anglais et avec la Porte, quand ce ne serait que pour gagner du temps, donner de l'ombrage à la Russie, et la porter à déclarer la guerre au grand-seigneur, comme elle paraît en attendre impatiemment l'occasion.

Salut et respect. Poussielgue.

N°. XII.

LIBERTÉ.ÉGALITÉ.

*Au quartier-général du Caire, le 20 vendémiaire an 8
de la république française, une et indivisible.*

Damas, *général de division, chef de l'état-
major général de l'armée, au ministre de
la guerre.*

J'ai l'honneur de vous adresser, citoyen ministre, la proclamation du général Bonaparte à
l'armée en la quittant, et celle du général Kléber
en en prenant le commandement en chef;

Les ordres du jour et les quatre numéros du
Courrier d'Egypte qui ont paru depuis cette
dernière époque;

L'état des officiers-généraux et états-majors,
et supérieurs des corps, qui sont morts à l'armée
jusqu'à ce jour;

L'état des promotions que le général en chef
Kléber a cru indispensable de faire pour le bien
du service; vous en sentirez vous-même la nécessité, en comparant ces deux derniers.

Je vous prie, citoyen ministre, de demander
au directoire exécutif la confirmation de ces
grades, et de m'en faire passer les nominations
définitives.

Je ne puis encore vous envoyer l'état détaillé
de la situation générale de l'armée, parce qu'en
prenant les fonctions de chef d'état-major gé-

néral, je n'ai pas trouvé les états particuliers nécessaires pour le former. J'espère vous les faire parvenir par le premier courrier.

Il n'a pas encore été possible de réunir ceux de tous les corps de l'armée, disséminés sur une aussi grande étendue de terrain que celle que nous avons à défendre, et dont la plupart sont, en outre, sans cesse occupés à poursuivre les Arabes, ou à combattre les beys errans avec leurs partis, qui se grossissent aussitôt qu'on leur donne un moment de relâche.

Vous pouvez juger de l'affaiblissement de l'armée par sa réduction considérable depuis un an.

Son effectif, au premier vendémiaire an 7, était de plus de 33,000 hommes : il est en ce moment au-dessous de 22,000, dont il faut déduire 2,000, malades ou blesssés, hors d'état de faire aucun service, et 4,000 environ hors d'état d'entrer en campagne, qui ne sont point propres à un service actif, et dont partie, ou blessés ou attaqués de maux d'yeux, préfèrent rester dans les dépôts, plutôt que de s'exposer à gagner les maladies épidémiques auxquelles les hôpitaux sont sujets dans ce pays.

Il résulte de ce tableau comparatif, que depuis un an l'état de l'effectif est réduit d'un tiers, et celui des présens sous les armes diminué de moitié.

Les seize mille hommes (environ) de toutes armes qui composent l'armée active, sont répandus sur une surface de terrain comprise dans un triangle, dont la base, depuis le Maraboud jusqu'à El-Arich, a deux cents lieues à-peu-près; de même que ses côtés, dont l'un depuis El-Arich s'élève jusqu'au-delà des premières cataractes (qui peuvent être considérées comme son sommet), et l'autre depuis les cataractes jusqu'au Maraboub.

L'expérience prouve en ce moment, citoyen ministre, que lorsque les garnisons indispensables pour la sûreté des places et des provinces sont distraites du nombre d'hommes en état d'entrer en campagne, il est impossible d'en réunir sept mille sur un seul point pour s'opposer aux efforts des ennemis qui nous menacent d'invasion de tous côtés.

Je présume que le général en chef, en écrivant au directoire exécutif, lui donne des renseignemens plus circonstanciés sur la situation de l'armée et de toute la colonie.

Salut et respect. *Signé* DAMAS.

No. XIII.

Au Caire, le 22 vendémiaire an 8.

DUGUA, *général de division, au citoyen* BARRAS, *directeur.*

Citoyen directeur, je vous ai écrit plusieurs lettres depuis l'arrivée de l'armée en Egypte. J'ignore si elles vous sont parvenues. *Bien peu de dépêches particulières sont allées à leur destination.* Je vous disais, dans ces lettres, que j'avais grande envie de retourner en France; mais cette envie était subordonnée au désir d'y retourner d'une manière flatteuse, et non avec l'air d'avoir quitté l'armée par impatience, par dégoût, par légèreté ou par crainte, soit de la peste, soit de nos nombreux ennemis, Russes, Anglais, Turcs, Arabes et Mamelouks, qui menacent l'Egypte sur quatre ou cinq points différens, Alexandrie, El-Arich, la mer Rouge et le désert.

Je profite du retour de votre cousin pour vous donner des détails sur notre position, qui peut-être ne vous a pas été peinte telle qu'elle est. J'ai commandé les deux tiers de l'Egypte pendant les expéditions de Syrie et d'Aboukir. Je connais ses produits, ses ressources, la force des places que l'on appelle de guerre, les chemins que l'on peut prendre pour les éviter, l'esprit des habitans, l'état de l'armée, de nos arsenaux, de nos magasins et de nos finances. Je vais faire passer rapidement

5 *

sous vos yeux l'aperçu de tous ces objets, et vous jugerez s'il n'est pas instant que le gouvernement vienne à notre secours.

Je ne vous dirai que peu de mots sur le départ du général Bonaparte : il n'a été communiqué qu'à ceux qui devaient en être ; il a été précipité, l'armée est restée treize jours sans général en chef. Il n'y avait pas un sou dans les caisses, aucun service n'était assuré ; l'ennemi, à peine parti d'A-boukir, était encore à Damiette, et le grand-vizir était déjà à Damas : telle a été notre position au Caire, du 1er. au 13 fructidor.

Je vous avoue, citoyen directeur, que je ne pouvais pas croire que le général Bonaparte nous eût abandonnés dans l'état où il nous a laissés, sans argent, sans poudre, sans boulets, une partie des soldats sans armes. Alexandrie est un grand camp retranché, à qui l'expédition de Syrie a enlevé une partie des bouches à feu qui lui étaient nécessaires pour sa défense. Lisbé, près Damiette, est à peine clos : une portion des murs d'El-Arich sont tombés d'eux-mêmes ; des dettes énormes, plus d'un tiers de l'armée détruit par *la peste, la dyssenterie, l'ophtalmie* et les combats ; ce qui reste est presque nu, et l'ennemi est à huit journées de nous. Telle chose que l'on puisse vous dire à Paris, ce tableau n'est que vrai : vous me connaissez incapable d'en faire de faux.

Une grande armée se rassemble en Syrie; des flottes, dont nous ne connaissons pas les forces, menacent nos côtes, que nous savons être accessibles en beaucoup d'endroits. Le général en chef ne peut réunir que 7,000 combattans. L'ennemi peut former trois attaques à la fois; que feraient 7,000 hommes disséminés?

Nous avons contre nous le fanatisme musulman qui ne peut pas être apprivoisé: l'idée d'un gouvernement chrétien est un supplice pour le peuple; les exemples les plus sévères n'empêchent pas les villageois de se révolter au moindre bruit désavantageux, ou au moindre firman répandu contre nous.

Cependant le pays est superbe, la propriété peut en être utile, sous bien des rapports, à la république. On peut y cultiver les productions de toutes les parties de la terre. Si ces avantages décident le gouvernement à faire des offres pour conserver l'Egypte, il n'a pas un moment à perdre; il faut qu'il nous envoie au plus vite des hommes, des fusils, du plomb, de la poudre, des boulets, etc.

Si le gouvernement ne peut pas nous faire passer ces secours, s'il ne peut pas calmer la Porte-Ottomane, et la rappeler à ses véritables intérêts, si enfin nous sommes ici abandonnés à nous-mêmes, forcés de continuer à nous battre un

(70)

contre dix, de lutter contre les maladies les plus
cruelles, le gouvernement ne reverra de l'armée
d'Egypte que des aveugles et des estropiés..... si
les Turcs ont l'humanité de lui en renvoyer: tout
le reste aura péri épuisé par les fatigues et les victoires.

Je vous réitère l'assurance, citoyen directeur,
que vous venez de lire la vérité la plus exacte.
Mille raisons peuvent avoir empêché qu'elle ne
vous ait été dévoilée toute entière. Je vous l'ai
dite, parce que je crois ne pouvoir vous donner
de preuve plus intime de mon sincère attachement, et parce que je dois ces détails à l'armée
d'Egypte, au gouvernement et à ma patrie.

Salut et respect. *Signé* DUGUA.

N°. XIV.

Au quartier-général du Caire, le 30 thermidor an 7.

BONAPARTE, *général en chef, au* GRAND-VIZIR,
*grand parmi les grands, éclairés et sages,
seul dépositaire de la confiance du plus grand
des sultans.*

J'AI l'honneur d'écrire à votre excellence, par
l'effendi qui a été fait prisonnier à Aboukir et
que je lui renvoie, pour lui faire connaître la véritable situation de l'Egypte, entamer des négociations avec la Sublime-Porte et la République
Française, qui puissent mettre fin à la guerre qui

se trouve exister pour le malheur de l'un et l'autre état.

Par quelle fatalité la Porte et la France, amies de tous les temps, et dès-lors par habitude, amies par l'éloignement de leurs frontières ; la France, ennemie de la Russie et de l'Empereur ; la Porte, ennemie de la Russie et de l'Empereur, sont-elles cependant en guerre ?

Comment votre excellence ne sentirait-elle pas qu'il n'y a pas un Français de tué, qui ne soit un ami de moins pour la Porte ?

Comment votre excellence, si éclairée dans la connaissance de la politique et des intérêts des divers états, pourrait-elle ignorer que la Russie et l'empereur d'Allemagne se sont plusieurs fois entendus sur le partage de la Turquie, et que ce n'a été que l'intervention de la France qui l'a empêché ?

Votre excellence n'ignore pas que le vrai ennemi de l'islamisme est la Russie. L'empereur Paul III s'est fait grand-maître de Malte, c'est-à-dire, a fait vœu de faire la guerre aux Musulmans. N'est-ce pas lui qui est le chef de la religion grecque, c'est-à-dire, des plus nombreux ennemis qu'ait l'islamisme ?

La France, au contraire, a détruit les chevaliers de Malte, rompu les chaînes des Turcs qui étaient détenus en esclavage, et croit, *comme l'ordonne l'islamisme, qu'il n'y a qu'un seul Dieu.*

Ainsi donc la Sublime-Porte a déclaré la guerre à ses véritables amis, et s'est alliée à ses véritables ennemis.

Ainsi donc la Sublime-Porte, qui a été l'amie de la France tant que cette puissance *a été chrétienne,* lui a fait la guerre dès l'instant que la France, par sa religion, *s'est rapprochée de la croyance musulmane.*

La Russie et l'Angleterre ont trompé la Sublime-Porte. Elles ont intercepté nos courriers, par lesquels nous lui faisions part de l'expédition d'Egypte, et l'ont représentée comme le commencement de l'envahissement de l'Empire Musulman. Comme si je n'avais pas toujours déclaré que l'intention de la République Française était de détruire les Mamelouks, et non de faire la guerre à la Sublime-Porte; était de nuire aux Anglais, et non à son grand et fidèle allié l'empereur Sélim.

La conduite que j'ai tenue envers tous les gens de la Porte qui étaient en Egypte, envers les bâtimens du grand-seigneur, envers les bâtimens de commerce portant pavillon ottoman, n'est-elle pas un sûr garant des intentions pacifiques de la République Française?

La Sublime-Porte a déclaré la guerre, dans le

mois de janvier, à la République Française, avec une précipitation inouie, sans attendre l'arrivée de l'ambassadeur Descorches, qui était déjà parti de Paris pour se rendre à Constantinople, sans me demander aucune explication ni répondre à aucune des avances que j'ai faites.

J'ai cependant espéré, quoique la déclaration de guerre me fût parfaitement connue, pouvoir la faire revenir, et j'ai à cet effet envoyé le citoyen Beauchamp, consul de la République, sur la caravelle; pour toute réponse, on l'a emprisonné; pour toute réponse, on a créé des armées, on les a réunies à Gaza, et on leur a ordonné d'envahir l'Egypte. Je me suis trouvé alors obligé de passer le désert, préférant de faire la guerre en Syrie, à ce que l'on me la fît en Egypte.

Mon armée est forte, parfaitement disciplinée et *approvisionnée de tout* ce qui peut la rendre victorieuse des armées, fussent-elles aussi nombreuses que les sables de la mer. Des citadelles et des places fortes, hérissées de canons, se sont élevées sur les côtes et sur les frontières du désert. Je ne crains donc rien, et je suis invincible. Mais je dois à l'humanité, à la vraie politique, au plus ancien comme au plus vrai des alliés, l'empereur Sélim, la démarche que je fais.

Ce que la Sublime-Porte n'atteindra jamais par la force des armes, elle peut l'obtenir par une négociation. J'abattrai toutes les armées, lorsqu'elles projetteront l'envahissement de l'Egypte ; mais je répondrai d'une manière conciliante à toutes les ouvertures de négociation qui me seraient faites. La République Française, dès l'instant que la Sublime-Porte ne sera plus cause commune avec nos ennemis, la Russie et l'Empereur, fera tout ce qui sera en elle pour rétablir la bonne intelligence et lever tout ce qui pourrait être un sujet de désunion entre les deux états.

Cessez donc des armemens dispendieux et inutiles. Vos ennemis ne sont pas en Egypte ; ils sont sur le Bosphore, ils sont à Corfou : ils sont aujourd'hui, par votre imprudence, au milieu de l'Archipel.

Radoubez et réarmez vos vaisseaux, réformez vos équipages d'artillerie, tenez-vous prêts à déployer bientôt l'étendard du prophète, non contre la France, mais contre les Russes et les Allemands, qui rient de la guerre insensée que nous nous faisons, et qui, lorsqu'ils vous auront affaiblis, lèveront la tête et déclareront bien haut la prétention qu'ils font déjà.

Vous voulez l'Egypte, dit-on ; *mais l'intention de la France n'a jamais été de vous l'ôter.*

Chargez votre ministre à Paris de vos pleins-pouvoirs, ou envoyez quelqu'un chargé de vos intentions et de vos pleins-pouvoirs en Egypte,

On peut en deux heures d'entretien tout arranger.
C'est le seul moyen de rasseoir l'Empire Musulman, en lui donnant la force contre ses véritables ennemis, et de déjouer leur projet perfide et qui malheureusement leur a si fort réussi.

Dites un mot, nous fermerons la mer Noire à la Russie, et nous cesserons d'être le jouet de cette puissance ennemie que nous avons tant de sujets de haïr, et je ferai tout ce qui pourra vous convenir.

Ce n'est pas contre les Musulmans que les armées françaises auraient à déployer et leur tactique et leur courage; mais c'est au contraire réunies à des Musulmans qu'elles doivent un jour, comme cela a été de tout temps, chasser leur ennemi commun.

Je crois en avoir assez dit par cette lettre à votre excellence. Elle peut faire venir auprès d'elle le citoyen Beauchamp, que l'on m'assure être détenu dans la mer Noire. Elle peut prendre tout autre moyen pour me faire connaître ses intentions.

Quant à moi, je tiendrai pour le plus beau jour de ma vie, celui où je pourrai contribuer à faire terminer une guerre *à-la-fois impolitique et sans objet*.

Je prie votre excellence de croire à l'estime

et à la considération distinguée que j'ai pour elle.

Signé BONAPARTE.

Pour copie conforme à l'original.

KLÉBER.

Nº. XV.

Traduction (1) d'une lettre de Bonaparte, en date du 4 . . . . 1214.

A son excellence le suprême vizir, vicaire absolu du grand des grands, du judicieux et intelligent, et du plus grand de tous les monarques, l'empereur des Ottomans.

L'OBJET de la présente lettre, adressée à V. E., et expédiée par le canal de l'effendi, fait prisonnier à Aboukir, est de lui faire un fidèle exposé de l'état des choses en Arabie, et en terminant la guerre qui a eu lieu entre la sublime Porte et la république française, donner la paix à ces deux puissances. Hélas ! pourquoi, amies depuis tant d'années, se trouvent-elles à présent en guerre ? Est-ce pour l'éloignement et la distance de leurs limites qu'elles se battent ? Est-ce parce que les cours d'Allemagne et de Russie confinent avec la sublime Porte, qu'elles se sont

---

(1) Cette traduction est celle qui a été faite par ordre de la sublime Porte.

unies à elle? V. E. ne peut ignorer que la nation française est, sans exception, très-attachée à la sublime Porte. Etant douée des qualités les plus éminentes, et instruite des véritables intérêts des cours, est-il possible que V. E. ne sache pas que les Russes et les Autrichiens ont conspiré, une fois pour toutes, contre la sublime Porte, et que les Français, au contraire, font leur possible pour s'opposer à leurs méchans projets? V. E. sait que les Russes sont les ennemis de la religion musulmane, et que Paul III, empereur de Russie, comme grand-maître de Malte, c'est-à-dire, premier chevalier, a solemnellement juré l'inimitié aux Musulmans. Les Français ont aboli l'ordre de Malte, donné la liberté aux prisonniers mahométans qui s'y trouvaient détenus, ET ILS CROIENT COMME EUX, en disant : *Il n'y a de Dieu que le vrai Dieu.* Il est donc bien étrange que la sublime Porte déclare la guerre aux Français, ses véritables et sincères amis, et contracte des alliances avec les Russes et les Allemands, ses ennemis décidés. Quand les Français étaient nécessairement de la secte du Messie, ils étaient les amis de la sublime Porte; à peine se sont-ils RAPPROCHÉS PAR LA RELIGION, elle leur déclare la guerre. Les cours d'Angleterre et de Russie ont induit en erreur la sublime Porte, que nous avions informée,

par nos lettres, de l'expédition de nos troupes
en Arabie. Ces cours ont trouvé le moyen d'intercepter et cacher nos papiers ; et comme si je
n'avais pas manifesté à la sublime Porte, que
la république française, loin de lui faire perdre
des domaines, n'avait pas la moindre intention
de lui faire la guerre, sa majesté, le très-glorieux
sultan Sélim, a cru aux Anglais, et a eu de
l'aversion pour les Français, ses anciens amis.
Est-ce que les bons traitemens que j'ai pratiqué
envers les vaisseaux de guerre et marchands,
appartenans à la sublime Porte, qui se trouvaient alors dans les ports de l'Arabie, ne sont
pas une preuve suffisante de l'extrême désir et
de l'amour de la république française pour la
paix et l'amitié ? La sublime Porte, sans attendre l'arrivée du ministre français Descorches, parti de France pour se rendre à Constantinople, et sans demander sur quoi étaient
fondés mes mouvemens et ma conduite, a déclaré la guerre aux Français avec l'empresse-
ment le plus grand. Nonobstant que j'étais informé de cette guerre, j'ai fait partir sur la
caravelle le consul de la république Beauchamp, dans la sûreté de la terminer, et, tandis que j'attendais des réponses de la sublime
Porte, par son canal, il a été mis en prison, et
des troupes musulmanes ont été expédiées à

Gaza, avec ordre de s'emparer de l'Arabie. Alors j'ai jugé convenable de faire la guerre plutôt de ce côté-ci, que dans le territoire de l'Egypte, et j'ai été obligé, malgré moi, de traverser le désert. Quoique mon armée soit aussi nombreuse que le sable de la mer, pleine de valeur, aguerrie au dernier point et victorieuse; quoiqu'elle soit complètement pourvue de tout ce qu'elle pourrait avoir besoin, que j'ai des châteaux et des forteresses les plus sûres, et que le centre et les limites du désert soient fortifiés par des bouches à feu; quoique je n'aie aucune crainte ni appréhension, que je n'aie à me garder de rien, et qu'il soit impossible que je sois vaincu : néanmoins, par commisération du genre humain, et en égard à ces procédés louables, honorés par les nations, sur-tout pour nous rapprocher du premier et du plus véritable de nos alliés, sa majesté le très-glorieux sultan Sélim notre allié, je manifeste ici mes dispositions à la paix. Il est sûr que la sublime Porte ne réalisera pas ses espérances par la force des armes, et que c'est par une conduite pacifique qu'elle peut faire son bonheur. Autant de troupes qui viendront contre le Caire, je peux les repousser toutes, et, malgré cela, je faciliterai toutes les propositions qui me seront faites tendant à la paix. Aussitôt que la sublime Porte se détachera des Russes et des Anglais, nos ennemis, il n'y a pas de doute que la république française renouvellera et rétablira, autant que possible, les bases de la paix et de l'amitié avec la sublime Porte. Il vaut mieux cesser de s'efforcer à former des armées, et à amasser des munitions de guerre, inutilement. Votre ennemi n'est pas dans l'Arabie : il est dans la Bulgarie, à Corfou, et, par votre mauvaise politique, dans la mer Blanche. Augmentez le nombre de vos vaisseaux, mettez-les en bon ordre, et formez des canonniers. Que la sacrée bannière du prophète ne soit pas portée sur les Français ; mais préparez-vous à vous en servir contre les Russes et les Allemands, qui, après avoir souri à la rupture qui a eu lieu inconsidérément et imprudemment entre nous, lèvent bien haut leurs têtes, et, d'un cri fort et perçant, vous font les propositions les plus onéreuses. Si vous voulez l'Egypte, dites-le ; la France n'a jamais prétendu la prendre des mains de la sublime Porte, et la dévorer. Donnez des pouvoirs à votre ministre qui est à Paris, ou envoyez quelqu'un en Egypte, avez des pleins-pouvoirs illimités, et tout sera arrangé sans amertume et à désir. Mettez-vous sur le chemin qui vous fera tirer vengeance de nos ennemis. Travaillez à consolider et à raffermir l'empire ottoman. Employez tout votre pouvoir à éloigner les propositions qui vous viennent, faites par vos ennemis, ainsi qu'à détourner les terribles projets qu'ils pourraient, par malheur, faire exécuter dans ces momens. Ayant eu, par le passé, tant de motifs d'abhorrer les Russes, convient-il de leur faire abandonner la mer Noire, et de ne pas se venger d'eux? Dites un seul mot pour cela, et je travaillerai pour votre avantage. L'armée française, loin de prétendre à montrer aux Ottomans qu'elle est disciplinée et valeureuse, désire s'unir à eux pour punir leurs ennemis. Que V. E., que j'ai importunée par cette lettre, fasse venir le français Beauchamp, et j'espère qu'après l'avoir interrogé, la mauvaise opinion qu'elle a de moi sera changée à mon avantage. S'il dépendait de moi, le jour que je pourrai éteindre le feu d'une guerre aussi absurde que messéante, ce jour serait réputé et compté par moi comme le plus heureux de ma vie.

No. XVI.

*Traduction (1) d'une lettre du général Kléber,
en date de Rebiul-Akhir, 1214 (17 sep-
tembre 1799.)*

Le général Kléber, dans sa lettre datée du
16 de Rebiul-Akhir, expose à V. E. que dans
la probabilité que la lettre de Bonaparte, adressée
et expédiée trente jours auparavant à V. E. par
le canal de son serviteur Mahommed Rechdi,
n'ait été interceptée par les bâtimens qui croisent
dans la mer Blanche, il a cru convenable de lui
en envoyer la copie, espérant que le sens de cette
lettre sera conforme aux sentimens de V. E. ;
que pour ceux qui connaissent les vrais intérêts
des deux puissances, la paix est ce qu'il y a de
plus salutaire et de plus avantageux pour leurs
états et sujets ; que les Français ont mis pied en
Egypte uniquement pour donner de l'appréhension aux Anglais, ébranler leurs possessions
et leur commerce dans l'Inde, et les forcer à la
paix ; que l'intention des Français était de tirer
vengeance des Mamelouks, de délivrer le Caire
de leurs oppressions, et de le rendre à la sublime
Porte; que les Français ayant dépouillé les Mamelouks de toutes leurs propriétés, outre qu'ils

---

(1) Traduction faite par ordre de la sublime Porte.

n'ont pas touché à celles des personnes apparte-
nantes à la sublime Porte, chacune d'elles était
restée comme auparavant; que les *odgahlous*,
les militaires et les juges, confirmés dans leurs
services et emplois, exerçaient la loi du prophète, et que le gouvernement et l'administration
du pays ont été laissés aux chefs et ulemars
de l'Egypte ; que la charge d'inspecteur des
pélerins avait été confiée au kyakyn du pacha,
et que si le départ et le retour des pélerins ne se
faisaient pas dans le temps fixé, c'était à cause de
l'inexactitude et de la négligence de cet agha ;
que les Français s'étaient rendue commune la
religion mahométane, et l'honoraient en toutes
manières ; que nonobstant que la sublime Porte
leur ait déclaré la guerre, ils n'avaient pas re-
noncé à leur attachement et à leur amitié envers elle, et forcés à combattre à Aboukir et
dans l'Arabie, bon gré mal gré, quoique vain-
queurs, leur attachement, leur estime et leur
bonne diposition envers la sublime Porte n'ayant
fait qu'accroltre, ils désirent la fin de cette guerre ;
qu'ils étaient dans l'incertitude si l'affaire de leur
expédition en Egypte avait été opérée en infor-
mant la sublime Porte et avec sa permission :
mais si c'était sans la prévenir, de telle manière
que cela soit, cette expédition étant dirigée contre
les Anglais, il a fallu envoyer l'armée en Egypte

avec autant de promptitude que de secret ; qu'en
considérant l'amitié que la sublime Porte avait
toujours professée envers les Français, l'expédition de leurs troupes en Egypte ne pouvait être
que pour son avantage ; que dans la confiance
d'appaiser la sublime Porte, ils espèrent que leurs
excuses, dans cette affaire, *seront agréées ;*
que le général Bonaparte n'ayant pu faire part
à la sublime Porte de la vérité du fait, après le
malheureux combat naval d'Aboukir, les ennemis communs, en prenant de la supériorité sur
les Ottomans et les Français, s'en sont réjouis ;
ils ont fait entendre ce qu'ils voulaient ; ils se
sont donnés de la gloire auprès de la sublime
Porte, et ils ont donné des preuves de leur *ex-*
tension (1) contre les Français ; ils ont fait taire la
sublime Porte, et ils ont ainsi attisé avec facilité
le feu de la malice et de l'astuce ; que si la sublime
Porte en avait prévenu les Français, en lui des-
sillant les yeux, ils n'auraient pas manqué de
lui indiquer le parti le plus avantageux à prendre ;
que l'affaire de la paix était propre à augmenter
la renommée et la gloire de V. E., et qu'elle
serait comme un des plus grands services à rendre
à la sublime Porte ; que la nation française est
une nation qui ne craint pas le fer et le feu, et

____

(1) Sir Orig.

la guerre qu'elle a faite depuis dix années con-
sécutives en offre la preuve : cependant, devant
la faire contre la sublime Porte, c'était pour eux
comme s'ils la faisaient à leur propre gouvernement, et voyant par-là diminuer et affaiblir des
forces qu'ils devraient employer, unis à la sublime Porte, contre l'ennemi commun, leurs
victoires actuelles étaient pour eux un sujet de
peine et d'affliction; que le don de cette paix est
facile, vu qu'entre les deux puissances il n'y avait
aucune affaire obscure et douteuse à débrouiller,
et la restitution du Caire étant ce qu'on leur de-
mandait, ils ne s'y opposeraient pas, ayant déjà
réussi d'en expulser les Mamelouks; que dans
la conviction qu'il faut s'allier à ses ennemis
quand ils sont puissans, la sublime Porte s'est
unie à ses ennemis; mais il est probable qu'à la
première occasion ils se déclareront contre elle,
et il faut s'en prémunir et bien garder; qu'il est
par conséquent très-utile et nécessaire de conclure la paix un moment plus tôt, comme très-
messéant d'épuiser inutilement ses trésors et ses
troupes; en un mot, que la guerre qui a eu lieu
entre la sublime Porte et les Français n'étant
d'aucun profit, l'affaire de la paix était à préférer,
et le parti le plus solide à prendre; que V. E.
voulant bien leur envoyer une personne de confiance en toutes les manières, il ne sera aucune-

ment manqué à son égard; qu'ainsi on s'entendrait bientôt avec facilité, et que, pour effectuer l'affaire très-convenable et nécessaire de cette paix, Bonaparte était parti d'Egypte, ayant laissé à sa place le général Kléber, qui désire également de la voir terminée.

FIN.

DE L'IMPRIMERIE DE LEFEBVRE, RUE DE BOURBON, N°. II, F. S.-G.

AVIS.

LEROUGE, Libraire, à Paris, cour du Commerce-S.-André-des-Arts, ayant rassemblé, depuis plusieurs années, une collection d'Écrits et Journaux publiés pendant la révolution française, désire la vendre en totalité. Cette réunion de pièces, classées par ordre dans des cartons, forme une bibliothèque de plusieurs milliers de volumes de tous formats.

* 9 7 8 2 0 1 1 9 2 7 8 7 3 *